COZINHA VEGANA

para bebês e crianças

Copyright © 2016 Gabriela Oliveira
Copyright desta edição © 2020 Alaúde Editorial Ltda.

Título original: *Cozinha Vegetariana para Bebés e Crianças – 100% vegetal*

Todos os direitos reservados. Nenhuma parte desta edição pode ser utilizada ou reproduzida – em qualquer meio ou forma, seja mecânico ou eletrônico –, nem apropriada ou estocada em sistema de banco de dados sem a expressa autorização da editora.

O texto deste livro foi fixado conforme o acordo ortográfico vigente no Brasil desde 1º de janeiro de 2009.

EDIÇÃO ORIGINAL: Bertrand Editora, Lda.
Fotografia e produção: Gabriela Oliveira
Fotografia da autora: Raquel Wise
Projeto gráfico: Marta Teixeira
PRODUÇÃO EDITORIAL: Editora Alaúde
Edição: Bia Nunes de Sousa
Preparação: Fernanda Marão (Crayon Editorial)
Revisão: Claudia Vilas Gomes, Mariana Zanini
Adaptação de capa e de projeto gráfico: Cesar Godoy

1ª edição, 2020
Impresso no Brasil

Dados Internacionais de Catalogação na Publicação (CIP)
(Câmara Brasileira do Livro, SP, Brasil)

Oliveira, Gabriela
Cozinha vegana para bebês e crianças / Gabriela Oliveira. -- São Paulo : Alaúde Editorial, 2020.

ISBN 978-85-7881-613-1

1. Alimentos para bebês 2. Culinária (Alimentos para crianças) 3. Culinária vegana 4. Receitas veganas 5. Saúde - Promoção 6. Veganismo I. Título.

19-32199   CDD-641.5636

Índices para catálogo sistemático:
1. Receitas veganas : Culinária 641.5636
Maria Alice Ferreira - Bibliotecária - CRB-8/7964

2020
Alaúde Editorial Ltda.
Avenida Paulista, 1337, conjunto 11
São Paulo, SP, 01311-200
Tels.: (11) 3146-9700 / 5572-9474
www.alaude.com.br

Aos meus filhos.

A todas as crianças.

A todos os seres sencientes.

Por um mundo melhor!

SUMÁRIO

Introdução

ALIMENTAÇÃO VEGANA NA INFÂNCIA?
- 10 -

PRINCIPAIS ALIMENTOS DA CULINÁRIA VEGANA
- 17 -

INTRODUÇÃO AOS ALIMENTOS NOS PRIMEIROS ANOS DE VIDA
- 20 -

ALIMENTAÇÃO COMPLETA E EQUILIBRADA
- 30 -

ESTRATÉGIAS PARA PROVAR E GOSTAR
- 45 -

Primeiros legumes, frutas e cereais

PURÊS E SOPINHAS DE LEGUMES
- 51 -

CREMES DE FRUTAS E MINGAUS DE CEREAIS
- 75 -

Refeições completas

PRATOS PRINCIPAIS
- 109 -

ACOMPANHAMENTOS
- 141 -

Lanches e delícias para festas

COMPOTAS, PASTAS E BISCOITOS
- 161 -

BOLOS, SORVETES E GELATINAS
- 181 -

APRESENTAÇÃO

É com carinho e uma enorme felicidade que apresento este livro, dez anos depois de ter publicado um primeiro trabalho sobre essa temática. Como profissional e mãe de três filhos, procurei responder a muitas dúvidas dos pais, deixar informações úteis e dar um conjunto de receitas que pode fazer as delícias dos pequenos e de toda a família. Planejei cada imagem, cada tabela e cada ingrediente detalhadamente para mostrar que é possível, e desejável, que mais crianças apreciem o extraordinário universo da culinária vegana.

São receitas fáceis de preparar, saudáveis, saborosas e 100% veganas, adequadas às diferentes etapas do crescimento: desde os primeiros purês, mingaus e sopinhas aos leites vegetais, iogurtes, pastas, bolachas, cereais integrais, pratos completos e sobremesas para dias de festa – sempre sem lactose, sem açúcar ou outros produtos refinados.

Atualmente, os pais dispõem de mais informações, procuram alimentos mais naturais, saudáveis, éticos e ecológicos, mas persistem dúvidas, receios e equívocos quando se pensa na alimentação vegana na infância. Situações de doença precoce, intolerâncias e alergias alimentares também estimulam a procura de alternativas válidas, completas em nutrientes e isentas de ingredientes de origem animal.

Podemos oferecer refeições veganas a bebês? Como preparar e combinar os alimentos típicos da culinária vegana? Que cuidados devemos ter ao introduzir esses alimentos nos menus infantis? As crianças podem seguir um regime 100% vegetariano e crescer saudáveis e felizes? Quais os riscos e benefícios associados a essa alimentação? A que estratégias podemos recorrer para as crianças provarem e gostarem de alimentos mais naturais?

Foram muitas as interrogações e situações com que me deparei ao longo dos últimos anos, enquanto mãe, jornalista e escritora, e não tenho dúvidas em afirmar: sim, as crianças podem se beneficiar muito se puderem ter acesso a refeições veganas completas e equilibradas, consumindo mais vegetais, leguminosas, frutas secas, sementes e cereais diversos. Sim, é possível crescer vegano, forte e saudável, ainda que isso possa ser visto com estranheza e desconfiança em uma sociedade cheia de normas. Vale a pena escutar as crianças, fomentar bons hábitos alimentares e ajudá-las a despertar uma sensibilidade maior, compaixão para com os animais, consciência ambiental e respeito pela natureza. Podemos engrandecer a vida sem causar morte ou sofrimento.

Considerada a alimentação do futuro, por poupar recursos naturais, proteger a vida e promover a saúde, a culinária vegana bem planejada e ajustada à idade da criança pode saciar as necessidades nutricionais nas diferentes etapas de crescimento, com a devida supervisão médica, como é habitual nos primeiros anos de vida.

Sejam bem-vindos, queridas leitoras e leitores de todas as idades!

Gabriela Oliveira

INTRODUÇÃO

Crescer saudável

Queremos o melhor para as nossas crianças: que cresçam bem, saudáveis e felizes! A alimentação tem um papel essencial na infância para assegurar um desenvolvimento equilibrado e harmonioso. A escolha criteriosa dos alimentos, a sua preparação e a partilha são também atos de verdadeiro amor.

1. ALIMENTAÇÃO VEGANA NA INFÂNCIA?

Podemos oferecer refeições veganas às crianças, corretamente planejadas, desde os primeiros meses de vida, com benefícios para a saúde e para o desenvolvimento delas. A alimentação das crianças não necessita centrar-se na carne, no peixe ou nos laticínios. Quando temos à disposição uma variedade tão grande de vegetais, leguminosas, sementes e outros alimentos valiosos de origem vegetal, podemos preparar refeições veganas completas e adequadas às necessidades das crianças. Na verdade, todos os bebês iniciam a diversificação alimentar com refeições veganas, à base de legumes, frutas e cereais.

No Oriente, seguindo uma tradição milenar, muitas crianças crescem naturalmente veganas no seio de famílias que nunca consumiram carne nem peixe. No Ocidente, o veganismo está em franca expansão, mas é ainda encarado com alguma estranheza, resistência e falta de conhecimento. A ideia de incluir refeições veganas nos menus infantis ou de adotar um regime vegano para as crianças é, por vezes, mal acolhida socialmente. Alguns profissionais de saúde, talvez pouco informados, colocam obstáculos e tentam dissuadir os pais de iniciar ou manter uma alimentação vegana para os filhos, alegando que a carne é obrigatória nos primeiros anos de vida, deixando-os confusos, quando poderiam auxiliá-los a planejar refeições e a minimizar possíveis carências nutricionais. Há também profissionais de saúde que se mostram receptivos, mas não estão familiarizados com os alimentos típicos da culinária vegana, sentindo dificuldade em esclarecer dúvidas e dar orientações precisas aos pais sobre a introdução dos alimentos nos primeiros anos de vida.

Afinal, podemos dar refeições veganas a bebês? As crianças podem crescer veganas? Várias associações internacionais de nutrição e pediatria – como a *American Dietetic Association*, a *American Academy of Pediatrics* e a *Canadian Pediatric Society* – assumem uma posição favorável, considerando que uma dieta vegetariana bem planejada é apropriada desde a gravidez e para todas as idades, seja na infância, na idade escolar ou na adolescência. Em Portugal, a Direção-Geral de Saúde (DGS) considera que "à semelhança de outros padrões alimentares, o padrão vegano, quando bem planejado, pode fornecer todas as necessidades nutricionais de crianças e adolescentes" (manual *Alimentação vegetariana em idade escolar*, 2016). A DGS afirma ainda que as "dietas vegetarianas, quando apropriadamente planejadas, incluindo as ovolactovegetarianas ou veganas, são saudáveis e nutricionalmente adequadas em todas as fases do ciclo de vida, podendo ser úteis na prevenção e tratamento de certas doenças crônicas" (*Linhas de orientação para uma alimentação vegetariana saudável*, 2015).

O pediatra norte-americano Benjamin Spock, que inspirou milhares de pais e profissionais em todo o mundo ao adotar uma dieta vegana na fase final da vida, alterou o célebre livro *Baby and child care* [Cuidado de bebês e crianças], sugerindo uma alimentação baseada em produtos de origem vegetal: "O nosso entendimento sobre nutrição evoluiu muitos nos últimos anos. Costumávamos recomendar quantidades consideráveis de carne e laticínios nas dietas das crianças. Agora sabemos que as crianças beneficiam-se mais se obtiverem os nutrientes de fontes vegetais. Legumes, frutas, grãos e leguminosas são ricos em vitaminas, minerais e fibra e, ao mesmo tempo, pobres em gordura e isentos de colesterol. Só recentemente percebemos quão valiosos são esses alimentos vegetais aparentemente insignificantes e reconhecemos o grande leque de doenças que podem ser prevenidas se os colocarmos à frente e ao centro da dieta. Será mais fácil se os pais se juntarem aos filhos nos hábitos alimentares saudáveis".

O pediatra português Mário Cordeiro, em uma de suas obras de referência, *O livro da criança*, confirma: "Se a composição alimentar for equilibrada, garantindo à criança todos os requisitos para a sua saúde, o peixe e a carne não são obrigatórios. Pelo contrário, o maior risco para os nossos filhos, especialmente considerando a sua saúde quando adultos, reside no excesso de ingestão de proteínas, com as consequências deletérias sobre a função renal, além das infecções e outras doenças que possam transmitir". Esse especialista não segue um padrão alimentar vegano mas frisa a importância de haver maior abertura: "Crescer em uma família vegana não deve ser olhado como algo suspeito. Muitas vezes há a noção de que deveríamos também fazer um esforço para limitar o consumo de proteínas animais e, não o conseguindo, temos a tendência para desdenhar as práticas corretas de outras pessoas".

Como em qualquer outra resolução importante sobre a vida dos filhos, são os pais ou responsáveis que devem tomar decisões. A introdução da carne e do peixe na alimentação das crianças deve ser uma escolha (familiar), não uma obrigação imposta (por quem quer que seja). Ao deixar de lado esses alimentos, é preciso garantir outros que supram os nutrientes essenciais e informar-se sobre a eventual necessidade de suplementos alimentares, como abordaremos mais à frente. Ao assumirmos o papel de pai ou mãe, sentimos uma responsabilidade acrescida, e os hábitos alimentares da família ganham uma relevância mais séria. Os pais que almejam uma alimentação vegana para os filhos não precisam se tornar "especialistas" em nutrição, pois essa é a função dos profissionais. À família cabe estar atenta, bem informada e preparada para decidir e ajudar as crianças a crescerem saudáveis, sem carências nem excessos.

A nossa sociedade glorifica o consumo de alimentos altamente processados – com excesso de sal, gorduras e açúcares. A indústria alimentícia especializou-se em seduzir, aliciar e viciar no consumo, adulterando o nosso paladar para padrões que nos afastam dos sabores naturais dos alimentos. Esse objetivo é alcançado desde o primeiro ano de vida, com a utilização de ingredientes para adoçar até os primeiros alimentos destinados a bebês, quando essa prática é prejudicial e contraindicada.

A Organização Mundial de Saúde tem alertado para a urgência de mudar os padrões alimentares das crianças, de forma a reverter a preocupante tendência ao excesso de peso e à obesidade na infância e na adolescência, e para o aumento de casos de câncer. Podemos agir pela prevenção, criando bons hábitos alimentares desde a mais tenra idade.

Principais dietas vegetarianas

VEGANA: Inclui somente alimentos de origem vegetal; exclui carne, peixe e todos os produtos de origem animal.
OVOLACTOVEGETARIANA: Inclui ovos, laticínios e todos os alimentos de origem vegetal; exclui carne e peixe.
LACTOVEGETARIANA: Inclui laticínios e todos os alimentos de origem vegetal; exclui carne, peixe e ovos.
OVOVEGETARIANA: Inclui ovos e todos os alimentos de origem vegetal; exclui carne, peixe e laticínios.

Sete mitos para esquecer de vez

1. *Precisamos comer carne ou peixe para garantir uma alimentação completa.* Não! Podemos optar por alimentos de origem vegetal – alguns fortificados – para obter os nutrientes e a energia de que necessitamos.

2. *A carne é obrigatória na infância para evitar deficiências de ferro, proteínas e vitamina B12.* Não! Alimentos como leguminosas, sementes, frutas secas, tofu, tempeh, quinoa, levedura nutricional, cereais e leites vegetais fortificados, entre outros, podem fornecer esses nutrientes. Há, também, a possibilidade de se recorrer a suplementos.

3. *Os veganos ficam mais vulneráveis a doenças.* Não! Muitos estudos epidemiológicos mostram que há uma menor prevalência de doenças oncológicas, obesidade, diabetes, hipertensão e doenças cardiovasculares entre os veganos, e que as dietas vegetarianas podem ter benefícios importantes na prevenção.

4. *Somos naturalmente onívoros.* Não! O ser humano tem uma constituição física (particularmente a dentição e o sistema digestivo) mais próxima dos herbívoros e frugívoros do que dos carnívoros (estes têm garras, dentes caninos afiados, saliva ácida e intestino curto para eliminar rapidamente a carne em estado de putrefação).

5. *Nossos antepassados sempre comeram carne.* Não! Pesquisas mostram que muitos dos ancestrais alimentavam-se de frutas, folhas e sementes. Ao longo da história, diversos grupos religiosos e filosóficos (ligados ao budismo e ao hinduísmo), na Índia, no Japão e na China, defenderam a abstinência de carne. Pitágoras e Platão divulgaram esse conceito no Ocidente, na Grécia e na Roma Antigas. Até há menos de um século, cereais, vegetais e leguminosas constituíam a base da alimentação humana. A produção pecuária intensiva e o consumo de carne e laticínios em larga escala são fenômenos recentes – e insustentáveis a curto prazo para o planeta (pela poluição que geram e pelos recursos que absorvem) e para a saúde humana.

6. *Os animais existem para nosso benefício e proveito.* Não! Somos parte integrante da natureza, não estamos acima dela nem ela nos pertence. A tecnologia não nos dá o direito de explorar e destruir recursos naturais ou escravizar outras espécies por estas não revelarem uma inteligência similar à nossa.

7. *As plantas também sofrem como os animais.* Não! Ao contrário das plantas, os animais possuem um coração e um sistema nervoso central desenvolvido. São seres sencientes e experimentam um amplo espectro de emoções, incluindo a capacidade de sentir dor e sofrer. Biologicamente, não há razões para distinguir animais de estimação (como cães e gatos) de animais de consumo (como galinhas, coelhos, porcos ou vacas). Por que temos que adorar uns e comer os outros?

Como lidar com as diferenças

Sabemos que é possível, e desejável, seguir uma alimentação focada em produtos de origem vegetal desde a infância. Pode-se introduzir algumas refeições vegetarianas no menu semanal das crianças, optar por seguir uma dieta vegetariana completa, que inclua, eventualmente, ovos ou laticínios, ou praticar uma alimentação vegana, isenta de produtos de origem animal. Cabe a cada família encontrar o modelo que melhor se adequa ao seu caso e decidir de forma ponderada e bem informada.

Uma refeição é considerada vegetariana quando não contém peixe nem carne (ou os seus derivados). É considerada vegana (ou vegetariana estrita) quando é preparada somente com ingredientes de origem vegetal, portanto, sem carne, peixe, ovos ou laticínios – como é o caso de todas as sugestões de receitas propostas neste livro.

Por vezes, a vontade de aderir a refeições veganas é expressa pela própria criança, quando recusa a comida com carne ou peixe. Por volta dos 3 ou 4 anos, as crianças se dão conta de que o bife que têm no prato é um pedaço de um animal morto e muitas ficam incomodadas ou reagem de forma emotiva. É natural que se sintam enganadas, pois o afeto que sentem pelos animais de estimação não é muito diferente daquele que nutrem pelos animais das fazendas, abatidos para consumo. Por um lado, estimulamos o imaginário infantil com histórias, brinquedos e pelúcias de animais amorosos e fofinhos; por outro, destruímos essa imagem oferecendo um pedaço de animal a que chamamos carne.

Quando os pais são veganos, naturalmente desejam que os filhos cresçam veganos. Não fará sentido sugerir a um pai vegetariano que cozinhe carne para dar ao bebê, se tiver acesso a outros alimentos que possam suprir os nutrientes necessários. Até os filhos atingirem uma idade que lhes permita escolher – geralmente não antes da adolescência –, são os pais (ou os responsáveis pela educação da criança) que decidem o padrão alimentar, tendo em conta as recomendações médicas e a vontade da criança.

Há casos em que só um dos progenitores é vegetariano, e a mãe e o pai ficam divididos quanto à forma como vão educar o bebê, se em um regime vegetariano ou onívoro. Nessas situações, é importante haver consenso e estabelecer um acordo para a alimentação não constituir um foco de divisão na família. Alguns casais combinam adotar uma alimentação inteiramente vegana nos primeiros anos, sendo depois praticada uma alimentação onívora na escola. Outros casais preferem adotar uma solução intermediária, dando à criança alimentos vegetarianos e algum peixe, mas excluindo todos os tipos de carne, subprodutos e leite. Há ainda situações em que os pais estão separados e a criança ora tem uma alimentação vegana na casa da mãe, ora tem uma alimentação convencional na casa do pai, ou vice-versa.

Em festas de aniversário e jantares de família, é essencial que amigos e familiares respeitem a opção vegana e evitem comentários despropositados. É no mínimo incorreto tentar aliciar bebês e crianças de pouca idade com alimentos inadequados e opostos à vontade dos pais, pondo em risco as regras da boa convivência e a integridade das crianças. Ainda que discordem, os familiares não devem tentar dar carne, peixe ou qualquer outro produto derivado disfarçados na comida do bebê, à revelia dos pais.

À medida que a criança cresce, é importante explicar as razões de uma alimentação diferente, respeitando sua opinião e sensibilidade sobre o assunto. Se a criança se identificar e partilhar os mesmos ideais, naturalmente não terá interesse em provar carne ou outro alimento não vegano em um contexto social. Assumirá a sua opção com tranquilidade e convicção, ainda que ao seu lado outras crianças ou adultos tenham hábitos distintos dos seus. Ao contrário do que muitos possam imaginar, quando as crianças crescem em uma família vegana, a sua maior dúvida não é: "Por que é que eu sou vegana?". Elas costumam perguntar: "Por que é que as outras pessoas não são veganas como nós? Por que é que comem os animais? Por que é que não sabem fazer comida vegana? Por que é que na escola não há pratos veganos para todos?".

As escolas devem estar preparadas para receber crianças com regimes alimentares diferentes, respeitando a opção da família e providenciando para que a criança usufrua de refeições adequadas. Podem ser encontradas soluções que respeitem as necessidades da criança e as regras das instituições de ensino, como deixar levar o leite especial, a refeição completa ou apenas o reforço proteico pronto para consumo para a criança complementar a refeição escolar. Por vezes, é necessário apresentar uma declaração (do encarregado da educação ou de um profissional de saúde) para atestar o regime alimentar especial, reforçando a necessidade de a escola cooperar e disponibilizar uma alimentação compatível. Em nenhuma circunstância é consentido discriminar a criança ou a família pela adoção de um regime alimentar diferente, à luz dos direitos consagrados na lei constitucional. A criança vegana deverá ter o direito de usufruir de refeições completas na escola – fornecidas pela instituição de ensino ou levadas de casa pelo aluno.

Três casos verídicos

A menina que se recusava a comer animais

A pequena Rita adorava dar milho às galinhas e ervas frescas aos coelhos quando ia a casa da avó, no campo. Estava sempre pronta para ajudar a cuidar dos animais, para poder pegá-los e brincar com eles. O sorriso mudou para indignação quando percebeu, meses mais tarde, que animais lhe eram servidos no prato, em casa. Ao acompanhar a mãe ao açougue, teve a certeza do destino dos animais ao ver as carcaças de vacas e porcos e a faca afiada a rasgar-lhes a carne e os ossos, cujo barulho detestava ouvir. Aos 6 anos, recusou-se terminantemente a comer carne e, apesar da insistência e da preocupação da família, nada a fez mudar de ideia. Os pais desistiram de tentar enganá-la com pratos dissimulados e de argumentar contra a sua vontade e procuraram alternativas veganas e aconselhamento médico. Aos 12 anos, Rita continua a ser a única vegana na família, mas agora com todo o apoio dos pais e da irmã, que passaram a partilhar com ela muitos pratos veganos.

O menino que chorava quando olhava para o prato

Desde os 3 anos, Nelson ficava de olhos marejados quando a mãe lhe dizia que o almoço era frango, vaca, porco ou peixe. "Coitadinhos dos animais mortos, não fizeram mal a ninguém. Não podemos comer outra coisa?", implorava. Os pais argumentavam que existiam milhões de peixes no oceano e que também os outros animais caçavam para sobreviver, mas Nelson insistia que "isso é a natureza deles, não a nossa" e pedia para comer apenas o arroz e os legumes. Aos 5 anos, ficou aos prantos na escola por o terem forçado a comer vitela. "Nem acredito que comi carne de um bebê morto", comentou em lágrimas nos braços da mãe, que o consolou e lhe prometeu que as coisas iam mudar. O tempo passou e a vontade do menino não esmoreceu. Informaram a escola e combinaram, em família, que todos iriam relevar as "esquisitices" e aceitar as refeições veganas que a mãe ou o pai preparassem. O menu em casa passou a ser vegano para todos, com os dois irmãos de Nelson empenhados em ajudar e aprender.

O menino que quase morreu comendo

Mateus tinha 6 meses quando a mãe preparou tudo, conforme as regras, para lhe dar o primeiro mingau (lácteo), como o pediatra recomendara. Já tinha mamado há algumas horas e dava sinais de fome sentado na cadeira, ao lado da irmã: à primeira colherada do mingau surgiram umas bolhinhas estranhas em volta da boca; à segunda colherada, parou de respirar, os olhos ficaram roxos e o corpo vermelho de bolhas. A mãe, em choque, agarrou-o de imediato, virou-o de cabeça para baixo e induziu o vômito, ao mesmo tempo que tentava pegar o telefone para pedir socorro e chamar a emergência médica. Foi o dia em que a família conheceu o sério problema das alergias alimentares que, passados mais de 4 anos, ainda ameaça a vida do pequeno Mateus. Ele tem alergia grave à proteína do leite de vaca (APLV), à carne, ao peixe e ao ovo, o que significa que não pode comer nem tocar em alimentos ou produtos que os contenham. Ele sabe que só pode brincar com os colegas da escola se eles tiverem as mãos limpas e a roupa livre de gotas de leite, e que deve afastar-se e recusar sempre que alguém tenta lhe oferecer uma bolacha ou mesmo uma bexiga (que pode conter caseína). Já perdeu a conta das viagens na ambulância para o hospital. A mãe teve que sair do emprego para acompanhar o filho, mas ganhou um novo alento quando descobriu as imensas possibilidades da cozinha vegana. Agora já consegue preparar refeições seguras e variadas para o filho e para a família.

2. PRINCIPAIS ALIMENTOS DA CULINÁRIA VEGANA
Breve glossário

Algas – Os vegetais do mar, vulgo algas marinhas, são vendidos desidratados, sendo necessário demolhá-los antes da preparação culinária. Algas como as aramé, nori, kombu, dulce ou wakame podem fazer parte de sopas e diversos pratos salgados; a alga ágar-ágar (em pó e em flocos) tem propriedades gelificantes. As algas são muito usadas na culinária macrobiótica e vegana pelas suas propriedades medicinais e por serem boas fontes de iodo, ferro, zinco, magnésio e cálcio.

Amaranto – É um grão minúsculo utilizado na culinária da mesma forma que um cereal; pode ser demolhado e cozido, usado em sopas ou em sobremesas. Tem propriedades nutricionais valiosas, pois fornece proteínas completas, ferro, fósforo e magnésio.

Aveia – É um cereal muito versátil e um dos mais ricos em proteínas, ferro e zinco, além de fibras. Pode ser encontrada em grãos, flocos ou farinha e é usada na preparação de mingaus, lanches e sobremesas. O grão de aveia não contém glúten, mas durante o cultivo e o processamento cruza-se com outros cereais; em função disso, a aveia pode conter glúten.

Bulgur – É obtido a partir dos grãos de trigo parcialmente cozidos, secos e triturados. Em grânulos mais grossos pode ser preparado como o arroz; em grânulos muito finos é chamado de trigo para quibe. É rico em proteínas, ferro e fibras.

Cereais integrais – São cereais não refinados que mantêm o revestimento do grão, sendo mais completos em nutrientes e fibras. Podem ser usados em grãos, flocos ou farinha (de arroz, milhete, milho, aveia, centeio, cevada, kamut etc.).

Cevada – É um cereal de sabor suave, muito rico em proteínas, ferro e zinco. Os grãos inteiros podem ser demolhados e cozidos como o arroz, e a farinha, usada na preparação de mingaus, pão ou sobremesas. É especialmente indicado para os bebês.

Complementos – São alimentos concentrados em macro e micronutrientes usados para enriquecer as refeições, como a levedura de cerveja, a levedura nutricional, o gérmen de trigo, a linhaça e outras sementes moídas. Costumam ser usados em pó, em pequenas quantidades, misturados a sopas e mingaus ou sobre a comida no prato.

Espelta – É conhecida também como trigo-vermelho, espécie de trigo ancestral que é nutricionalmente mais completo e equilibrado do que o trigo comum. Contém glúten e pode ser usada na preparação de pão e bolos com bons resultados.

Farinha de alfarroba – É uma farinha obtida pelo processo de moagem da polpa da vagem da alfarroba. Muito rica em cálcio e ferro, tem um sabor adocicado e uma cor idêntica à do cacau, podendo ser utilizada como seu substituto.

Frutas secas e desidratadas – Uva-passa, figo, ameixa, damasco, tâmara e *cranberry* são algumas das frutas secas mais usadas, muito ricas em açúcares naturais, cálcio, ferro, zinco e algumas vitaminas. A maçã, a pera e a banana desidratadas são igualmente boas fontes de vitaminas e minerais; não devem conter açúcar ou sulfitos.

Leguminosas – Feijão, lentilha, grãos, tremoço, fava ou ervilha são fontes excelentes de proteínas, ferro, zinco, fósforo, magnésio e fibras; quando associadas a cereais integrais, fornecem proteínas completas. Devem constar no menu semanal.

Levedura de cerveja e levedura nutricional – São produtos fermentados, disponíveis em pó e em flocos, com um teor muito elevado de proteínas, ferro e vitaminas do complexo B (incluindo B12, em leveduras enriquecidas). A levedura de cerveja tem um sabor mais pronunciado, enquanto a nutricional é de sabor mais suave.

Linhaça moída – Resulta da moagem fina das sementes de linhaça; é muito rica em proteínas, ferro, cálcio, zinco, fibras e ácidos graxos essenciais ômega-3 e 6. As sementes de linhaça podem ser trituradas em casa, conservando-se a moagem na geladeira, para se usar em pratos doces e salgados.

Milhete – É um cereal muito antigo, também conhecido como milho-miúdo, milheto ou painço; não contém glúten e é especialmente indicado na infância, por ser alcalino, de fácil digestão e pelas suas propriedades antidiarreicas. É muito rico em vitaminas A e do complexo B.

Missô – É uma pasta que resulta da fermentação do grão de soja com um cereal (geralmente cevada ou arroz). Contém enzimas benéficas para a digestão e elevado teor de proteínas, minerais e vitaminas. Usa-se, sobretudo, em sopas, e não deve ser fervido.

Molho de soja ou shoyu – Molho típico da culinária vegana, é usado como tempero no preparo de alimentos em substituição do sal. É um produto fermentado (tal como o tamari), produzido a partir de uma mistura de soja, cereal e sal, e pode conter glúten.

Oleaginosas – Avelã, noz, noz-pecã, pignoli, castanha-de-caju, pistache, macadâmia ou amendoim. Apresentam um elevado valor proteico, de gorduras insaturadas e de minerais.

Quinoa – Grão minúsculo usado na alimentação como um cereal; fornece proteínas completas, com todos os aminoácidos essenciais, e elevado teor de ferro. Não contém glúten e pode ser usada em grãos, flocos ou farinha, em sopas, mingaus ou como acompanhamento.

Seitan – É um alimento proteico preparado a partir da proteína do trigo; pode ser produzido em casa ou adquirido já pronto. É rico em proteínas, ferro e zinco e isento de colesterol, podendo ser usado em substituição da carne; é inadequado em dietas sem glúten.

Sementes – São usadas na alimentação pelo elevado teor proteico e de micronutrientes; entre as mais valiosas destacam-se as de cânhamo, de chia, de linhaça, de gergelim, de abóbora, de girassol, de papoula e de alfafa. Para que os seus nutrientes sejam mais bem absorvidos, as sementes devem ser trituradas ou germinadas; podem ainda ser tostadas ou transformadas em pasta; não devem ser fritas ou salgadas.

Sementes de cânhamo descascadas – São muito ricas em proteínas completas e contêm uma proporção de ômega-3 e 6 ideal para a saúde humana. Têm sabor suave e textura mole, podendo ser misturadas no prato, à refeição, ou adicionadas cruas a vitaminas, papas ou iogurte. Devem ser adquiridas descascadas.

Sementes de chia – São sementes minúsculas muito ricas em ferro, cálcio e ácidos graxos ômega-3 e 6. Quando misturadas a um líquido têm a particularidade de formar um gel, por isso podem ser usadas para preparar musses e pudins.

Soja e derivados – A soja é uma leguminosa que fornece proteínas completas e um elevado teor de ferro. Ela é comercializada em diferentes formas: grãos, farinha, desidratada, processada e transformada em vários produtos derivados, como leite de soja, iogurte de soja, molhos, missô, tofu e tempeh. A soja desidratada (em grânulos finos ou grossos) não é a mais adequada para a alimentação das crianças; é preferível usar grão de soja orgânico, missô, tempeh e tofu.

Tâmaras secas – As tâmaras secas são naturalmente doces e ricas em ferro, cálcio, fósforo e magnésio, sendo uma excelente alternativa ao uso do açúcar em sobremesas. É importante que se escolham tâmaras puras, sem açúcares adicionados (como a glicose) ou outros aditivos – as tâmaras naturais costumam ser comercializadas a granel ou embaladas com a designação "sem glicose" ou "tipo medjol".

Tempeh – É um alimento proteico produzido por meio da fermentação de uma leguminosa, quase sempre a soja. Tem um sabor pronunciado e é muito rico em proteínas, ferro e zinco.

Tofu – É o alimento proteico mais versátil da culinária vegana, usado tanto em pratos salgados como em sobremesas. É produzido a partir de grãos de soja, assemelhando-se a um queijo fresco de cor branca; é uma boa fonte de proteínas completas, ferro, zinco e cálcio.

Trigo-sarraceno – É um cereal sem glúten cujos grãos têm uma forma triangular peculiar. Pode ser consumido da mesma forma que o arroz ou usado como farinha em diversas receitas.

3. INTRODUÇÃO AOS ALIMENTOS NOS PRIMEIROS ANOS DE VIDA

O ritmo de crescimento nos primeiros dois anos de vida é espantoso – os bebês costumam triplicar ou quadruplicar o peso com que nascem. O leite constitui a base da alimentação do bebê, mas a partir dos 6 meses deixa de ser suficiente para suprir todas as suas necessidades. O rápido crescimento exige a ingestão de alimentos mais concentrados em nutrientes e energia e com menos vofogo, daí iniciar-se a etapa da diversificação alimentar.

Até os 6 meses é recomendado somente o aleitamento materno. Contudo, se lhe for dada a fórmula, o bebê poderá iniciar mais cedo a diversificação alimentar. Em ambos os casos, a introdução de novos alimentos nunca deve ser feita antes dos 4 meses e idealmente o mais próximo possível dos 6 meses, recomenda a Organização Mundial de Saúde. A partir dessa idade, todas as crianças devem manter o aleitamento e receber alimentos complementares (como purês, sopas, mingaus ou frutas), independentemente do regime alimentar escolhido. Como percebemos que o bebê está apto a descobrir novos alimentos? Além da idade mínima, há sinais que evidenciam a maturidade da criança, como a capacidade de sentar-se com apoio, agarrar objetos, levar a mão à boca e fazer gestos de mastigação; por outro lado, ela pode mostrar muito interesse pela comida dos adultos e revelar insatisfação após a mamada ou o leite em mamadeira.

Essa fase gera alguma ansiedade e inquietação nos pais. É desejável que seja feita de modo gradual e tranquilo, respeitando o ritmo do bebê, que terá de descobrir novos sabores e texturas e adaptar o seu sistema digestivo. Primeiro, com alimentos reduzidos a purê, depois grosseiramente triturados, amassados ou em pedaços. Ao treinar a mastigação, o bebê estará também desenvolvendo os músculos faciais e progredindo na aquisição da fala.

Há um método alternativo, denominado *Baby Led Weaning* (BLW), que propõe uma forma descontraída de iniciar os alimentos sólidos. O método consiste em dar os alimentos aos pedaços (cozidos ou crus, mas não triturados), para que o bebê os agarre, amasse e mastigue por livre vontade, sentado na cadeira, em um momento lúdico e de partilha em família. Simultaneamente ao leite materno em livre demanda, os novos alimentos são oferecidos ao bebê nas quantidades que ele desejar. O bebê adquire assim uma maior autonomia e controle motor, mas poderá não ingerir as quantidades suficientes de alimentos e nutrientes, particularmente se não for amamentado. Seria bom trocar impressões com o pediatra sobre esse assunto. Pode-se conciliar ambos os métodos, oferecendo alimentos triturados na colher e colocando na mesa alimentos cozidos em pedaços grandes para o bebê agarrar e levar à boca.

Introdução aos alimentos em função da idade
(plano alimentar 100% vegano)

IDADE (a partir de)	NOVOS ALIMENTOS
0-4 meses	Aleitamento exclusivo
4-6 meses	**Verduras e legumes:** abóbora, cenoura, mandioquinha, batata-doce, abobrinha e chuchu	**Frutas:** maçã, pera e banana	**Cereais sem glúten:** arroz, milhete, trigo-sarraceno, quinoa e aveia (sem glúten)	**Outros:** azeite
6-7 meses	**Verduras e legumes:** brócolis, couve-flor, alho-poró, vagem, alface, agrião, cebola, echalota, alho, salsinha, coentro, hortelã e mandioca	**Frutas:** abacate, ameixa, damasco, pêssego, papaia, manga, melão e cítricos (suco)	**Frutas secas:** figo, ameixa, damasco, tâmara e uva passa (sem adição de açúcar e sem sulfitos)	**Cereais** (com ou sem glúten): aveia, cevada, centeio, milho, sêmola, trigo, espelta, kamut, amaranto e alfarroba	**Alimentos proteicos:** tofu; lentilhas vermelhas, ervilha, feijão-azuqui, feijão-mungo (moyashi) e feijão-fradinho (cozidos sem sal)	**Outros:** especiarias suaves (canela, erva-doce)
8-9 meses	**Frutas:** todas, exceto morango, amora, maracujá e kiwi	**Cereais:** todos os cereais, seja em farinha, flocos ou grãos (muito bem cozidos e sem sal)	**Alimentos proteicos:** tempeh; grão-de-bico, favas, vários tipos de lentilhas e feijões (cozidos sem sal)	**Alimentos complementares:** levedura nutricional e levedura de cerveja, sementes moídas de linhaça, cânhamo, chia, gergelim, papoula, abóbora e girassol	**Outros:** pão (sem sal); bolacha (sem sal e sem açúcar); iogurte de soja natural (sem açúcar); margarina vegetal; condimentos (cúrcuma, pimentão, manjericão, gengibre e tomilho); fava de baunilha; coco
10-12 meses	**Verduras e legumes:** todas, incluindo nabo, beterraba e espinafre	**Alimentos proteicos:** seitan	**Oleaginosas:** amêndoa, pignoli, avelã, castanha-de-caju, castanha-do-pará, macadâmia e pistache (moídos crus e sem sal)	**Outros:** pasta de castanha-de-caju, pasta de amêndoa, pasta de avelã; tahine; algas marinhas; missô; cogumelos
12-24 meses	**Frutas:** todas as frutas frescas, secas ou desidratadas, incluindo morango, amora, kiwi e maracujá	**Oleaginosas:** amendoim, noz e noz-pecã	**Outros:** sal
24-36 meses	**Bebidas vegetais:** leites vegetais (enriquecidos e sem açúcar) em substituição do leite do bebê	**Outros:** cacau

Algumas recomendações gerais:

- Comece por oferecer purês de legumes (em vez de mingau) para que o bebê se adapte a sabores não doces e diferenciados.
- Ao introduzir um alimento novo, aguarde dois ou três dias para detectar eventuais alergias.
- Ofereça a novidade em um momento descontraído e complete a refeição com leite.
- Substitua gradualmente uma refeição de leite por uma refeição com legumes, fruta ou mingau, introduzindo assim o almoço, o lanche ou o jantar.
- Não ofereça alimentos com glúten antes dos 6 meses.
- Nunca adicione açúcar à comida do bebê e use sal só depois dos 12 meses.
- Prefira alimentos orgânicos frescos e de produção local e cozinhe os legumes a vapor ou com o mínimo de água.
- Adicione sempre o azeite ou o óleo (rico em ômega-3) cru nas sopas.

A diversificação dos alimentos começa, idealmente, por volta dos 6 meses ou a partir dos 4 meses. Quais os alimentos aconselhados para começar? Não existem regras rígidas, mas devido à apetência inapta para o sabor doce, considera-se mais favorável começar pelos legumes, para estimular o paladar do bebê para sabores não doces e mais diferenciados. As recomendações atuais vão no sentido de oferecer um purê de legumes ou uma sopa como primeiro alimento sólido, em vez do mingau. Só depois da adaptação do bebê aos primeiros legumes é que se introduz um purê de fruta como sobremesa ou um mingau.

Até os 6-7 meses, a alimentação dos bebês pouco difere em um regime convencional ou em um regime vegano. A principal diferença ocorre no momento da introdução dos alimentos proteicos: em vez de carne ou peixe, adiciona-se tofu fresco, uma leguminosa ou tempeh, de acordo com a idade, como veremos adiante. Os mingaus também podem ser preparados em casa e enriquecidos, combinando-se diferentes cereais, legumes, frutas e sementes. Há diversas formas de garantir os nutrientes e apresentar a comida sem que se recorra a sopas pouco nutritivas nem aos mingaus industriais açucarados.

A partir dos 9-10 meses, o bebê estará cada vez mais receptivo a explorar alimentos sólidos e com texturas densas, como arroz, milhete ou trigo-sarraceno (muito bem cozidos), feijão ou grãos, tofu e tempeh em pedaços, além de massas, pão ou bolachinhas (sem açúcar ou sal). Dos 12 meses em diante, espera-se que o bebê assimile progressivamente as rotinas e os hábitos alimentares (saudáveis) da família.

Leite materno e leite de substituição

Nenhum outro alimento é tão completo para o bebê quanto o leite materno. É um privilégio poder receber o melhor no aconchego do colo da mãe. O leite materno contém todos os nutrientes nas proporções adequadas e adapta-se às necessidades do bebê, ajudando a fortalecer os seus sistemas imunológico e digestivo, e estreitando os laços de afeto entre mãe e filho, ao mesmo tempo que evita gastos desnecessários. É, por isso, considerado o leite ideal para o bebê, particularmente nos primeiros 6 meses de vida, podendo ser dado enquanto a mãe e a criança assim o desejarem.

O leite materno permite satisfazer todas as necessidades do bebê – como alimento único – até os 6 meses, sendo importante que a mãe mantenha uma alimentação rica e equilibrada para garantir os nutrientes de que o bebê necessita. As mães que seguem uma alimentação vegetariana estrita (vegana) precisam incluir alimentos fortificados em vitamina B12 e ricos em ferro, zinco e iodo, ou recorrer a suplementação. A grande maioria das mães tem capacidade para produzir leite suficiente para o bebê nas diferentes etapas de crescimento. Quanto mais o bebê mamar (e estimular as terminações nervosas), mais leite a mãe produzirá. Uma posição correta (da mãe e do bebê), aliada a uma alimentação cuidada e à ingestão de líquidos (água, infusões e sucos naturais) promovem uma boa produção de leite. No caso de diminuição do fluxo de leite ou de aparente rejeição do bebê, seria bom ter o apoio de um especialista em amamentação, pois é muito importante prolongar o aleitamento materno pelo máximo de tempo possível. Quando a mãe deixa de estar disponível, o leite materno pode ser extraído e conservado (na geladeira até dois dias ou no congelador até três meses), para depois ser dado ao bebê.

Na impossibilidade de manter o leite materno, ou para o complementar, existem leites de substituição especialmente indicados para lactentes veganos e para lactentes com alergias – fórmulas em pó fortificadas, à base de arroz ou de proteína de soja. Essas duas fórmulas fortificadas (enriquecidas em cálcio, ferro, zinco e vitamina B12, entre outros nutrientes) podem ser usadas desde o nascimento ou utilizadas para diluir o mingau quando chegar a hora de introduzir os cereais.

Idealmente, o leite materno ou a fórmula de substituição fortificada deve ser o leite principal do bebê até os 24 meses. Os leites ou bebidas vegetais (de produção caseira e de compra) não satisfazem as necessidades do bebê até essa idade como leite completo; contudo, podem ser usados na preparação das refeições. Quando introduzir os leites vegetais na alimentação da criança, é importante que sejam sem açúcar, ricos em proteína e cálcio e fortalecidos com vitamina B12.

Primeiras sopas

Os legumes irão proporcionar ao bebê o primeiro contato com os alimentos sólidos. Para a preparação dos primeiros purês e sopas de legumes, os alimentos mais usados são abóbora, cenoura, mandioquinha, batata-doce, abobrinha e chuchu, juntando-se depois cebola, echalota, alho, alho-poró, brócolis, couve-flor, vagem, alface, agrião e ervas aromáticas, como salsinha e coentro.

Pode-se preparar purês usando somente um alimento de cada vez – para o bebê diferenciar os sabores e apreciar cada um deles. Purês de abóbora, cenoura, abobrinha ou batata-doce são bons exemplos para iniciar. Quanto às sopas, pode-se começar por agrupar quatro alimentos, escolhendo verduras com cores e propriedades diferentes (cenoura ou abóbora, abobrinha ou chuchu, cebola ou echalota etc.), um verde (vagem ou brócolis, alface ou agrião etc.) ou uma erva aromática (salsinha ou coentro) e servir com um pouco de azeite (cerca de 1 colher (chá) por refeição). É recomendado adiar para os 10 meses a introdução de legumes que possam ter uma maior concentração de fitatos ou nitratos, como o espinafre, a beterraba e o aipo. Em todo o caso, os legumes orgânicos são preferíveis aos convencionais.

A partir dos 9-10 meses, podem ser introduzidas as algas marinhas (em particular, as algas arame, dulce e kombu) na preparação culinária das refeições do bebê. Os vegetais do mar são usados em pequenas quantidades, depois de demolhados por alguns minutos e escorridos (para tirar o sal). Aos 10 meses, se não houver contraindicações, podem também ser incluídos os cogumelos orgânicos (como shiitake e pleurotus).

À medida que o bebê cresce, podem ser feitas combinações diferentes com legumes, cereais, algas, leguminosas, tofu e outros alimentos proteicos (veja adiante *Alimentos proteicos* e *Reforço proteico e de minerais*). Deixo muitas sugestões de receitas no capítulo destinado aos primeiros purês e sopinhas de legumes. Além disso, pode-se oferecer ao bebê pedaços de abóbora e de batata-doce assados, ou brócolis e couve-flor cozidos para ele agarrar e levar à boca, seguindo o método BLW, sempre sob vigilância de um adulto.

Primeiros mingaus

Os cereais costumam ser introduzidos na alimentação do bebê após a adaptação aos primeiros purês de legumes, entre os 4 e os 6 meses, dependendo do momento em que se iniciou essa etapa. É fundamental começar pelos cereais sem glúten, ou seja, por farinhas como as de arroz e milhete. Outros cereais, como quinoa, amaranto, trigo-sarraceno e aveia sem glúten, também podem ser oferecidos perto dos 6 meses. A partir dessa idade, pode-se usar mais tipos de cereais, como aveia, cevada, centeio ou espelta para fazer mingaus, papas e cremes de legumes.

Os mingaus podem ser preparados em casa, a partir de farinhas orgânicas ou dos grãos inteiros dos cereais muito bem cozidos. As farinhas são cozidas com água até ficarem macias e engrossarem, e no final, fora do fogo, adiciona-se o leite do bebê para obter a consistência desejada. Pode-se juntar pedaços de fruta durante o cozimento ou no final. Esse método permite preparar com segurança mingaus caseiros de diferentes cereais, ricos em nutrientes, com sabores distintos e a baixo custo.

Os mingaus constituem um alimento importante, pois são densamente energéticos e com um considerável teor proteico e de ferro, possibilitando ao bebê uma ingestão diária adequada de calorias e proteínas. Podem ainda ser enriquecidos com linhaça moída ou outras sementes trituradas, como abordaremos mais à frente (ver *Reforço proteico e de minerais*, p. 27).

Existem à venda algumas farinhas orgânicas instantâneas especiais para lactentes e para crianças com intolerâncias e alergias. São farinhas não lácteas, integrais e prontas para usar, às quais basta adicionar o leite do bebê ou água fervida. Podem ser uma boa solução para enviar para a escola ou para os dias sem tempo para cozinhar. Essas misturas para mingau são enriquecidas com cálcio, ferro, zinco e vitamina B12 e não contêm sacarose ou outro açúcar nem lactose – fatores determinantes para escolher a mais adequada.

A Organização Mundial de Saúde e as associações pediátricas são unânimes em considerar o açúcar um ingrediente nocivo e contraindicado no primeiro ano de vida. É incompreensível e injustificável que sejam comercializadas – e recomendadas pelos pediatras – misturas para mingau com açúcar. Várias marcas de referência disponibilizam farinhas com açúcar e maltodextrina, aconselhando uso a partir dos 4 ou 6 meses. Lamentavelmente, ostentam rótulos errôneos de "primeiros alimentos", mesmo contendo ingredientes prejudiciais aos bebês.

A partir dos 8-9 meses, além do mingau e das sopas, pode-se oferecer ao bebê arroz integral bem cozido, milhete, quinoa, trigo-sarraceno, massas, pão sem sal ou bolachinhas sem açúcar; os cereais podem estar presentes de diferentes formas.

Primeiras frutas

As primeiras frutas recomendadas são a maçã e a pera, pelas suas propriedades nutricionais e por serem fáceis de digerir – inicialmente cozidas a vapor (ou com um mínimo de água) e reduzidas a purê. Sucedem-se a banana e o abacate (próximo ou a seguir aos 6 meses), por serem alimentos concentrados em calorias e, no caso do abacate, por conter ácidos graxos essenciais, muito importantes para o crescimento do bebê. O abacate deve ser dado sempre bem maduro, com a polpa mole e sem manchas, retirando-se eventuais fios de fibra.

É importante escolher frutas maduras e, se possível, orgânicas. Em uma fase inicial, é recomendado descascar até a maçã e a pera orgânicas, pois a casca contém fibras resistentes que podem interferir na digestão e absorção dos nutrientes; depois pode-se manter parte da casca, em particular se o bebê revelar prisão de ventre.

Para que o bebê aprecie sabores diferenciados e treine o paladar, é preferível oferecer purês com uma só fruta ou com combinações simples; aos mais crescidos podemos dar pedaços de fruta ao natural como sobremesa depois da refeição. A fruta pode ser adicionada aos mingaus caseiros ou combinada com iogurte natural de origem vegetal (a partir dos 9 meses) para o lanche.

A partir dos 6-7 meses, pode-se introduzir gradualmente frutas doces e suculentas, como ameixa, damasco, pêssego, papaia, manga e melão. Os cítricos também podem ser incluídos a partir dessa idade, mas com duas ressalvas: só o suco e em pequenas quantidades. Devido ao seu elevado teor de vitamina C (importante para a absorção do ferro e o fortalecimento do sistema imunológico), as novas recomendações pediátricas reintroduziram os cítricos na alimentação do bebê, desde que se respeitem essas condições. A casca do limão pode ser usada no preparo de mingaus, mas deve ser retirada no final.

Outros frutos ricos em vitamina C e polifenóis, como mirtilo, framboesa e cereja, podem ser dados em pequenas quantidades a partir dos 9-10 meses. De um modo geral, todos os frutos podem ser oferecidos a partir dessa idade, exceto os considerados potencialmente alergênicos, como morango, amora, maracujá e kiwi. Estes só costumam ser liberados a partir dos 12 meses. Contudo, informe-se com o pediatra sobre o melhor momento para introduzir as diferentes frutas.

Frutas desidratadas, oleaginosas e especiarias

Frutas secas e desidratadas, por serem mais concentradas em nutrientes, em particular cálcio e ferro, podem fazer parte da alimentação do bebê a partir dos 7-8 meses; destacam-se o figo seco, a ameixa seca, o damasco seco, as tâmaras secas e as uvas-passas. É fundamental não terem adição de açúcar, glicose, sulfitos ou quaisquer outros aditivos. A fruta desidratada em casa – maçã, pera, pêssego ou banana – é também uma ótima opção. Elas devem ser adicionadas aos mingaus, cremes ou vitaminas batidas, de forma a poderem ser consumidas sem o risco de engasgamento.

As oleaginosas são fontes valiosas de proteínas e minerais. Podem ser introduzidas gradualmente a partir dos 9-10 meses, desde que sejam ao natural, sem sal, trituradas e misturadas na comida. São especialmente indicadas a amêndoa, os pignoli, a avelã, a castanha-de-caju, a macadâmia e o pistache. O amendoim, a noz e a noz-pecã são recomendados somente após os 12 meses.

As especiarias mais leves podem ser adicionadas à comida do bebê, pois, além de estimularem o palato, têm um valor nutricional importante. A introdução das especiarias não é consensual e varia em função dos hábitos familiares e das tradições culturais. Pode-se iniciar com a canela para aromatizar mingaus, iogurtes e vitaminas batidas e, a partir dos 9 meses, usar condimentos como cúrcuma, manjericão, pimentão, tomilho ou gengibre, em porções reduzidas.

Alimentos proteicos

No lugar da carne ou do peixe, a partir dos 6 meses podem ser adicionados alimentos de origem vegetal ricos em proteínas e minerais a sopas e purês. Habitualmente, recomenda-se o tofu fresco orgânico como o primeiro alimento proteico, por ser de fácil digestão e pelo seu teor de proteínas, ferro, magnésio, zinco, fósforo e cálcio. Como alternativa, poderá ser incluída quinoa, pois este pseudocereal também contém proteínas completas e fornece um bom aporte de ferro.

A introdução das leguminosas na alimentação vegana é feita mais cedo do que na alimentação convencional. Assim, aos 7 meses pode-se adicionar à sopa ervilhas ou lentilhas vermelhas descascadas; depois, o feijão-azuqui, o feijão-mungo e o feijão-fradinho. Nesta fase, aconselha-se retirar a casca das ervilhas e do feijão cozido, pois o teor de fibras pode atrapalhar a digestão e a assimilação dos nutrientes. Por volta dos 8 meses, pode-se oferecer gradualmente as outras leguminosas: grão-de-bico, favas e outros tipos de feijão; estes devem ser demolhados e cozidos sem sal e com um pedaço de alga kombu ou de gengibre para facilitar a digestão. Na mesma refeição, combine uma leguminosa, um cereal, dois vegetais e uma fruta rica em vitamina C (como sobremesa), para favorecer a assimilação dos nutrientes.

Aos 8-9 meses, pode-se iniciar o tempeh, um alimento fermentado e com elevado teor de proteínas e ferro. O tempeh de soja ou de outra leguminosa (como tempeh de grão-de-bico ou tempeh de feijão-azuqui) pode ser adicionado à sopa. A soja desidratada, comercializada em grânulos finos ou grossos, não é a melhor opção para a alimentação das crianças; é preferível usar a soja sob a forma de grão, tofu ou tempeh orgânicos. O seitan, por ser concentrado em proteínas do trigo, é introduzido mais tarde, não antes dos 10-12 meses. Em uma alimentação ovovegetariana, introduz-se a gema do ovo por volta dos 8 meses e a clara aos 12 meses, como fonte de proteínas, ferro e vitamina B12. Se usar ovos, é importante que sejam orgânicos. Partindo desses alimentos proteicos – tofu, tempeh, seitan, quinoa e diferentes leguminosas –, é possível preparar refeições muito variadas para o bebê e para toda a família (veja as sugestões de receitas no Capítulo 2).

Reforço proteico e de minerais

As refeições dos bebês podem ser enriquecidas com pequenas porções de alimentos concentrados em proteínas, vitaminas, minerais e ácidos graxos essenciais. Que alimentos são esses? São a levedura nutricional e a levedura de cerveja em pó – por serem especialmente ricas em ferro e vitaminas do complexo B; as sementes de linhaça e de chia (descascadas) – pelo seu importante teor de proteína, ferro, zinco e ômega-3; e ainda as sementes de gergelim, de abóbora, de girassol e de papoula, por terem também valores elevados de ferro, zinco, cálcio e magnésio. Antes de usar as sementes, triture-as, adicionando-as moídas, ou germine-as, usando então as sementes germinadas e os brotos.

Assim, a partir dos 8-9 meses, esses complementos podem ser misturados em sopas, purês, mingaus e vitaminas; adicionando-se apenas uma colher (chá) de cada vez, em duas ou três refeições por dia. As quantidades podem depois ser aumentadas, ajustando-se à idade da criança. Esses alimentos reforçam o teor de nutrientes da refeição, mas não substituem os alimentos proteicos (como o tofu ou as leguminosas), os quais são necessários no cardápio diário.

As oleaginosas trituradas também são uma boa opção como reforço de ferro e de proteína a partir dos 10-12 meses, pois apresentam um valor muito elevado de minerais. A partir dessa idade, pode-se triturar amêndoa, avelã, castanha-de-caju ou pignoli para adicionar à comida do bebê. Escolha oleaginosas sem sal, ao natural.

Existem outros alimentos de origem vegetal ainda mais concentrados em proteínas, destinados a aumentar o teor proteico das refeições – por exemplo, os isolados de proteínas de arroz, de ervilha e de cânhamo. Esses complementos apresentam valores proteicos muito elevado, mas têm um teor mais baixo de ferro, portanto, seu uso não é tão necessário nesta fase. Podem ser incluídos, em quantidades reduzidas, depois dos 12 meses ou de acordo com recomendações médicas.

Suplementação

Até os 6 meses, considera-se que o leite materno ou o leite de substituição supra as necessidades do bebê (exceto se for prematuro). Entre os 6 e os 12 meses, as quantidades recomendadas de alguns nutrientes, como o ferro, são equivalentes ou até mesmo superiores às de um adolescente ou adulto. O que significa que, em algumas fases de rápido crescimento, e independentemente do regime alimentar seguido, é inevitável ter de se recorrer à suplementação para garantir o aporte necessário de nutrientes, pois o bebê não tem capacidade para receber todos os nutrientes de que precisa através dos alimentos – teria de ingerir uma quantidade excessiva de comida, que não seria tolerada pelo seu corpinho em desenvolvimento. Assim, a suplementação é recomendada para todos os bebês a partir dos 6 meses, incluindo os que têm uma alimentação convencional, com carne e peixe.

Informe-se com o pediatra sobre a necessidade de suplementação nesta etapa. Dos 6 aos 12 meses, é recomendado 1 mg de ferro por quilograma de peso por dia ou até se obter um suprimento diário de 11 mg por dia de ferro através dos alimentos (Acta Pediátrica Portuguesa, 2012). No caso de lactentes com dietas vegetarianas estritas (veganas), além de ferro, é igualmente sugerida a suplementação com DHA e vitaminas D e B12 (0,5 mg por dia dos 6 aos 12 meses), caso estes não sejam garantidos por meio de alimentos fortificados. A vitamina B12 é particularmente importante, pois sua carência pode provocar anemia e danos neurológicos. Nas dietas veganas é necessário salvaguardar que o suplemento seja de origem vegetal.

Ajustar os alimentos ao funcionamento dos intestinos

A prisão de ventre e a diarreia são disfunções comuns na infância. Quando ocorrem, é necessário avaliar as causas e ajustar a alimentação, de forma a auxiliar o reequilíbrio. Por que ocorrem esses episódios? Na origem de problemas intestinais, pontuais ou prolongados, podem estar fatores tão diversos como a imaturidade digestiva face à introdução de um novo alimento, o uso de medicamentos, a ingestão de ingredientes não adequados à idade, contaminados ou em porções exageradas, ou possíveis intolerâncias (por exemplo, ao glúten) e alergias alimentares (como a alergia à caseína, a proteína do leite de vaca).

Em situações de prisão de ventre prolongada ou de diarreia e cólicas frequentes, é preciso avaliar se o problema é suscitado pelo leite habitual da criança, pois podem ser sinais de que o seu organismo não está conseguindo desdobrar a lactose ou que é sensível à proteína do leite. Se assim for, a solução poderá passar pela substituição do leite de vaca por uma fórmula de origem vegetal. Para uma avaliação informal, os pais podem retirar os laticínios da dieta durante alguns dias e observar as mudanças ocorridas.

Deixamos alguns conselhos gerais para lidar com episódios de obstipação e diarreia.

EM SITUAÇÕES DE OBSTIPAÇÃO:
- Ofereça água à criança ao acordar e aumente a ingestão de líquidos entre as refeições, ao longo do dia.
- Inclua ameixas secas e frutas laxativas, tais como figos frescos, papaia, kiwi, cerejas e cítricos (adeque a fruta à idade da criança); evite dar banana.
- Substitua os cereais refinados (massas, pão e arroz brancos) pelos integrais, para aumentar o teor de fibras e nutrientes; use especialmente a aveia (por ser rica em fibras) e o milhete (por ser alcalino).
- Retire alimentos inadequados, tais como refrigerantes, doces e guloseimas.

EM SITUAÇÕES DE DIARREIA:
- Ofereça água e infusões de camomila com regularidade.
- Prepare um caldo de milhete (lave bem os grãos e cozinhe-os em água abundante até obter um caldo) e ofereça a água do cozimento na mamadeira ou no copo e dê o mingau. O milhete não tem glúten e costuma ser bem tolerado em situações de diarreia, ajudando a restabelecer a flora intestinal.
- Como alternativa, prepare um caldo de arroz e cenoura, seguindo os passos descritos no ponto anterior.
- Evite alimentos que contenham lactose ou açúcar, incluindo farinhas lácteas.
- A maçã cozida costuma ser a fruta mais bem tolerada nessas situações.

4. ALIMENTAÇÃO COMPLETA E EQUILIBRADA

Para crescerem bem e saudáveis, as crianças necessitam de uma alimentação equilibrada, variada e adequada à idade. Os pratos veganos podem ser bastante atrativos, pelas suas cores vistosas e formas divertidas, além de serem completos e saudáveis.

Como saber se a criança está recebendo todos os nutrientes de que necessita? Se for saudável e apresentar um crescimento e um desenvolvimento dentro dos padrões esperados para a idade, esses serão certamente os melhores indicadores. Em caso de dúvida, no primeiro ano de vida, podemos fazer uma estimativa dos nutrientes, anotando os menus e as quantidades médias ingeridas pela criança a cada refeição, para mostrar ao pediatra. Como citamos no ponto anterior, no caso dos lactentes é recomendado fazer suplementação (em ferro e vitamina B12), por ser difícil obter os níveis necessários com pequenas quantidades de comida. Independentemente do regime alimentar seguido, todas as crianças devem ter um acompanhamento médico regular. Com o avançar da idade, a preocupação dos pais abrandará, à medida que as crianças forem revelando, com maior facilidade, sinais de saciedade ou insaciedade – além de outras reações menos apreciadas, como a "mania" e a "gulodice".

Deixaremos a seguir alguns truques e sugestões para aumentar a ingestão dos principais nutrientes de uma forma descontraída e saborosa – válidos para crianças e adolescentes, assim como para toda a família.

Porção diária recomendada dos principais nutrientes

	Proteínas	Ferro	Cálcio	Zinco	Magnésio	Vit. C	Vit. B12	Ômega-3
0-6 meses	9,1 g	0,27 mg	210 mg	2 mg	30 mg	40 mg	0,4 mcg	0,5 g
7-12 meses	13,5 g	11 mg	270 mg	3 mg	75 mg	50 mg	0,5 mcg	0,5 g
1-3 anos	13 g	7 mg	500 mg	3 mg	80 mg	15 mg	0,9 mcg	0,7 g
4-8 anos	19 g	10 mg	800 mg	5 mg	130 mg	25 mg	1,2 mcg	0,9 g
9-13 anos	34 g	8 mg	1300 mg	8 mg	240 mg	45 mg	1,8 mcg	1-1,2 g
Gravidez	71 g	27 mg	1000 mg	11 mg	350 mg	85 mg	2,6 mcg	1,4 g
Aleitamento	71 g	9 mg	1000 mg	12 mg	310 mg	120 mg	2,8 mcg	1,3 g

Os dados que constam em todas as tabelas de porções diárias recomendadas (DDR) nesta introdução foram obtidos com base em *Dietary Reference Intakes*, Institute of Medicine, Washington: National Academy Press, 2003.

Como garantir a dose diária de proteínas?

Em qualquer regime alimentar, é necessário assegurar uma adequada ingestão de proteínas, essenciais para o crescimento, a regeneração e o funcionamento celular.

Ao contrário do que se pensa, as proteínas de que necessitamos não se encontram somente na carne, no peixe, nos ovos e nos laticínios. É, aliás, relativamente fácil obtê-las, mesmo em uma dieta 100% vegana. As proteínas vegetais são consideradas mais saudáveis, por terem menos gordura saturada, serem ricas em fibras, fitonutrientes e antioxidantes e não terem colesterol.

Qual a quantidade de proteínas de que as crianças necessitam? O valores variam em função da idade e do peso corporal (ver quadro da p. 32). Em um regime vegano estrito, os valores de referência podem aumentar em cerca de 20% a 30% para compensar a eventual menor biodisponibilidade das proteínas de origem vegetal. Se, ao longo do dia, a criança ingerir várias porções de alimentos proteicos, as quantidades recomendadas serão supridas e até mesmo ultrapassadas com facilidade.

São fontes de proteína de alto valor biológico os alimentos que contêm todos os aminoácidos essenciais em proporções adequadas. Quando um ou mais aminoácidos essenciais surgem em quantidade insuficiente, a proteína é considerada de médio ou baixo valor biológico. Porém, os aminoácidos combinam-se entre si em nosso organismo para formar "proteínas completas". Juntar cereais e leguminosas (por exemplo, arroz com feijão ou massa com grão) é uma tradição antiga em muitas culturas, precisamente para favorecer a combinação de proteínas completas. Hoje, sabe-se que não é indispensável ingerir esses alimentos na mesma refeição – o corpo mantém uma reserva de aminoácidos que pode usar para complementar as proteínas consumidas, tornando-as completas.

Temos à disposição vários alimentos com proteínas completas de origem vegetal, como tofu, tempeh, leite de soja, iogurte de soja, quinoa, aveia ou amaranto. Outros alimentos têm um teor elevado de proteínas que, não sendo de alto valor biológico, podem combinar-se e garantir proteínas completas: sementes, frutas secas, leguminosas (feijão, grãos, lentilhas, favas ou ervilhas) e cereais integrais. Podemos também recorrer a ingredientes com grande concentração proteica, adicionando-os à comida, como a levedura de cerveja, a linhaça moída e as sementes moídas em casa. Além destes, como mencionamos anteriormente, existem isolados em pó de proteína, especialmente de arroz, de ervilha e de cânhamo, que podem ser usados com moderação ou como recurso para carências pontuais.

Porção diária recomendada de proteínas

0-6 meses	9,1 g
7-12 meses	13,5 g
1-3 anos	13 g
4-8 anos	19 g
9-13 anos	34 g
Gravidez e aleitamento	71 g

Proteínas – principais fontes de origem vegetal
(POR 100 G DE ALIMENTO COZIDO OU PRONTO PARA CONSUMIR)

Proteína de arroz**	83,0 g	Sementes de chia*	16,5 g
Proteína de ervilha**	78,0 g	Grãos de soja*	16,4 g
Proteína de cânhamo**	50,0 g	Tremoço	16,4 g
Levedura de cerveja**	45,0 g	Tosta de trigo integral	15,4 g
Pignoli	33,2 g	Manteiga de avelã**	15,0 g
Sementes de cânhamo*	31,6 g	Sementes de gergelim	14,4 g
Gérmen de trigo**	25,8 g	Aveia em flocos	13,5 g
Amendoim	25,4 g	Lentilhas	9,1 g
Manteiga de amendoim**	25,0 g	Pão integral	9,0 g
Seitan	24,0 g	Feijão-preto*	8,8 g
Amêndoa	21,6 g	Feijão-fradinho	8,8 g
Manteiga de amêndoa**	21,0 g	Feijão-vermelho*	8,6 g
Cacau em pó	19,6 g	Grão-de-bico	8,4 g
Castanha-de-caju*	19,6 g	Tofu	8,3 g
Sementes de abóbora*	18,5 g	Feijão-manteiga	7,8 g
Linhaça*	18,2 g	Feijão-azuqui*	7,52 g
Tempeh*	18,1 g	Feijão-mungo*	7,0 g
Pistache	18,0 g	Ervilha seca	6,9 g
Sementes de papoula*	17,9 g	Favas	6,7 g
Manteiga de castanha de caju**	17,5 g	Feijão-branco	6,6 g

Os dados que constam em todas as tabelas de nutrientes nesta introdução foram obtidos com base na *Tabela da Composição de Alimentos*, do Instituto Nacional de Saúde Dr. Ricardo Jorge, com exceção dos assinalados:
* *National Nutrient Database for Standard Reference* Release 26, EUA, 2013.
** Provida, consulta em http://www.provida.pt, 2016.

Proteínas – sugestões para reforçar o consumo

- Prepare uma mistura com sementes moídas e use-a com regularidade.
- Inclua linhaça moída e sementes descascadas em mingaus, vitaminas ou iogurtes.
- Misture levedura de cerveja ou levedura nutricional em sopas e vitaminas.
- Inclua oleaginosas (pignoli, amendoim, amêndoa, castanha-de-caju, pistache ou nozes).
- Use pasta de amendoim, de amêndoa, de castanha-de-caju ou de avelã.
- Adicione leguminosas às sopas.
- Combine cereais e leguminosas para obter proteínas completas.
- Em vez de carne ou peixe, opte por seitan, tempeh, tofu, leguminosas, aveia ou quinoa nas principais refeições.
- Use cereais e farinhas integrais ou farinhas de leguminosas nas receitas.
- Recorra a isolados de proteína (de cânhamo, de ervilha ou de arroz) se for necessário um aporte mais rápido de proteínas.

Como reforçar os níveis de ferro?

A falta de ferro é a carência nutricional mais comum na infância. Para evitá-la deve haver vigilância, particularmente nos primeiros anos de vida. O ferro é essencial na formação da hemoglobina e no transporte do oxigênio para as células, sendo decisivo para um sistema imunológico forte. A incidência de anemia ferropriva (deficiência de ferro) não é superior entre os veganos. Contudo, pode ocorrer se forem negligenciados alguns cuidados.

A escolha criteriosa de alimentos e a preparação de refeições veganas equilibradas ajuda a permitir uma adequada ingestão e absorção do ferro, durante a infância e ao longo da vida. Uma grande variedade de alimentos contém ferro em quantidades elevadas (ver tabela na p. 35). Podemos agrupar três grandes fontes de ferro de origem vegetal: condimentos e ervas aromáticas; oleaginosas, frutas secas e sementes; e verduras de folhas escuras. Algumas especiarias e ervas aromáticas secas (como o tomilho, o manjericão, a cúrcuma e a canela em pó) são ricas em ferro, podendo conter cem vezes mais ferro do que a carne. A adição de condimentos é, assim, uma forma simples, rápida e saborosa de reforçar os níveis de ferro na comida das crianças, tornando-a ainda mais atrativa. Por isso eles são tão usados nas receitas deste livro.

As sementes são uma fonte valiosa de ferro, bem como o tremoço, o pistache, a castanha-de-caju, a noz, o damasco e o figo secos. Entre as hortaliças, as verduras de folhas escuras, o brócolis, o alho-poró, o agrião, a alface, a beterraba, a cebolinha e a salsinha são particularmente ricos em ferro. As leguminosas e os cereais integrais constituem outros exemplos de alimentos com uma boa concentração de ferro e devem constar no menu semanal das crianças.

Quando o ferro é proveniente de uma fonte de origem vegetal, é designado por não heme. A biodisponibilidade do ferro não heme é menor do que a do ferro de origem animal (ferro heme) e são necessários cuidados adicionais. Há fatores que auxiliam a absorção do ferro não heme, enquanto outros a inibem e dificultam. Quais são os fatores favoráveis? Começamos mencionando o principal: consumir alimentos ricos em vitamina C na mesma refeição potencializa fortemente a absorção do ferro; hábitos simples, como temperar a comida com gotas de limão ou acompanhar a refeição com um suco natural, facilitam a absorção do ferro. Alguns métodos culinários também são favoráveis, como a prática de demolhar, tostar ou germinar as leguminosas e os cereais, pois isso reduz o ácido fítico – um dos inibidores do ferro não heme. Quais são os maiores inimigos da absorção do ferro? São o açúcar, os refrigerantes e o chocolate, bem como as bebidas ricas em polifenóis, como o chá (preto, verde e branco) e o café, pois limitam a absorção do ferro; eles devem ser evitados durante ou após as refeições. O cálcio também interfere negativamente na absorção do ferro.

De que quantidades de ferro necessitam as crianças? A dose diária varia em função da idade e da fase da vida. Nos primeiros 6 a 12 meses, a quantidade recomendada dificilmente é alcançada pela alimentação, como citamos anteriormente, sendo habitual fazer suplementação desse micronutriente em todos os regimes alimentares (ver p. 28). A partir dessa idade, é mais fácil obter os valores esperados, pois a criança está apta a consumir maior quantidade e variedade de alimentos. As crianças veganas podem precisar de uma ingestão de ferro superior devido à sua menor biodisponibilidade. Durante a gravidez, as necessidades de ferro são muito elevadas, o que torna importante escolher alimentos fortificados e naturalmente ricos em ferro, ou providenciar suplementação. No período de aleitamento, as necessidades são menores, mas é necessário manter o cuidado com a alimentação para não ocorrerem carências.

Outro micronutriente importante para um sistema imunológico forte é o zinco, que se encontra em boas quantidades na maioria dos alimentos ricos em ferro. Os alimentos de origem vegetal com maior concentração de zinco são as sementes (em especial, as de linhaça, de gergelim e de abóbora), as oleaginosas (sobretudo castanha-de-caju e noz-pecã), as leguminosas (como feijão-manteiga, lentilhas, ervilhas e fava), o tofu, o tempeh, as ervas aromáticas e os legumes (aspargos, brócolis e brotos). Se forem incluídos alguns desses alimentos, a dose diária recomendada pode ser garantida com facilidade.

Porção diária recomendada de ferro

0-6 meses	0,27 mg
7-12 meses	11 mg
1-3 anos	7 mg
4-8 anos	10 mg
9-13 anos	8 mg
Gravidez	27 mg
Aleitamento	10 mg

Ferro – principais fontes de origem vegetal
(POR 100 G DE ALIMENTO COZIDO OU PRONTO PARA CONSUMIR)

Alimento	Ferro	Alimento	Ferro
Tomilho em pó*	123,6 mg	Feijão-manteiga	2,7 mg
Manjericão em pó*	89,8 mg	Figo seco	2,6 mg
Cúrcuma em pó*	55,0 mg	Noz	2,6 mg
Coentro em pó*	42,4 mg	Feijão-branco	2,5 mg
Canela em pó	38,0 mg	Espinafre	2,4 mg
Cebolinha seca, desidratada ou em pó*	20,0 mg	Uva-passa	2,4 mg
Gengibre em pó*	19,8 mg	Lentilhas	2,3 mg
Sementes de gergelim*	14,5 mg	Feijão-preto**	2,1 mg
Amora seca branca**	12,0 mg	Grão-de-bico	2,1 mg
Sementes de papoula*	9,7 mg	Seitan*	2,1 mg
Sementes de cânhamo*	7,9 mg	Tempeh**	2,1 mg
Sementes de chia*	7,7 mg	Amaranto	2,1 mg
Pistache	7,0 mg	Feijão-azuqui	2,0 mg
Cacau em pó	5,8 mg	Coentro	1,9 mg
Damasco seco	5,8 mg	Feijão-fradinho	1,9 mg
Linhaça*	5,7 mg	Agrião	1,7 mg
Castanha-de-caju	5,7 mg	Favas secas	1,6 mg
Tremoço	5,5 mg	Tofu	1,6 mg
Grãos de soja	5,1 mg	Pão integral	1,6 mg
Levedura de cerveja**	4,5 mg	Alface	1,5 mg
Pignoli	4,7 mg	Ervilha seca	1,4 mg
Alho em pó	3,3 mg	Quinoa*	1,4 mg
Salsa	3,2 mg	Feijão-mungo	1,4 mg
Tosta de trigo integral	3,2 mg	Ervilha congelada	1,2 mg
Avelã	3,0 mg	Favas frescas	1,0 mg
Farinha de alfarroba	3,0 mg	Brócolis	1,0 mg
Ameixa seca	3,0 mg	Alho-poró	1,0 mg
Feijão-vermelho**	2,9 mg	Beterraba	0,8 mg

Ferro e Zinco – sugestões para aumentar a ingestão e a absorção

- Reforce o consumo de alimentos ricos em vitamina C nas principais refeições.
- Tempere com tomilho, manjericão, coentro, cúrcuma e gengibre.
- Use mais verduras de folhas escuras, brócolis, cebolinha, salsinha e coentro.
- Utilize com frequência feijão, lentilhas, grão, favas, ervilha ou quinoa.
- Misture levedura de cerveja ou levedura nutricional nas sopas.
- Adicione canela em pó a vitaminas, mingaus, leite, iogurte e sobremesas.
- Use sementes de gergelim, papoula, linhaça e chia.
- Inclua pistache, pignoli, castanha-de-caju, avelã e frutas secas – amora, damasco, uva-passa, ameixa e figo.
- Evite chocolate e refrigerantes.

Como reforçar os níveis de cálcio?

Uma das preocupações recorrentes é a de que a alimentação forneça cálcio suficiente, sobretudo em fases de rápido crescimento, como durante a infância e a adolescência. O cálcio é o mineral mais abundante no corpo humano, estando presente nos ossos e nos dentes, sob a forma de sais de cálcio. As quantidades diárias de cálcio recomendadas poderão ser obtidas sem grande dificuldade em uma alimentação vegana.

Durante anos vigorou a ideia de que o leite de vaca e os laticínios eram indispensáveis para assegurar as quantidades diárias de cálcio. Contudo, evidências científicas têm revelado o oposto: a fixação do cálcio proveniente dos laticínios é reduzida, devido ao elevado teor de gordura saturada que possuem (além de, frequentemente, terem sal e açúcar). Os laticínios estão associados ao aumento de intolerâncias e alergias alimentares, bem como de problemas cardiovasculares e oncológicos. Na realidade, o leite de vaca é um alimento para bezerros e não para o consumo humano. As bebidas alternativas, vulgarizadas como leites vegetais, contêm em geral um valor idêntico de cálcio (120 mg), mas não possuem lactose nem gordura saturada. Os leites vegetais – de aveia, de arroz, de soja ou outros – podem fazer parte da alimentação diária das crianças, como leite principal, a partir dos 2 anos; antes dessa idade, podem ser usados na preparação culinária. É importante que sejam ricos em proteínas, sem açúcar e fortificados em cálcio e vitamina B12.

São igualmente boas fontes de cálcio as especiarias, as leguminosas, as sementes, as oleaginosas e a couve, entre outros alimentos. O cálcio proveniente de alimentos de origem vegetal, em particular das ervas aromáticas e das verduras de folhas escuras (excetuando o espinafre), é bem absorvido. Para uma boa absorção do cálcio, são também importantes a presença de vitamina C, a exposição à luz solar (vitamina D) e a prática de exercícios. As crianças podem beneficiar-se muito se brincarem ao ar livre e consumirem alimentos naturais, em detrimento dos processados. Ao optarmos por alimentos de origem vegetal ricos em cálcio, estamos também escolhendo boas fontes de proteína e ferro, o que é muito vantajoso.

Porção diária recomendada de cálcio

0-6 meses	210 mg
7-12 meses	270 mg
1-3 anos	500 mg
4-8 anos	800 mg
9-13 anos	1300 mg
Gravidez e aleitamento	1000 mg

Cálcio – principais fontes de origem vegetal
(POR 100 G DE ALIMENTO COZIDO OU PRONTO PARA CONSUMIR)

Manjericão em pó*	2240 mg	*Sementes de linhaça**	255 mg
Tomilho em pó*	1890 mg	*Avelã*	249 mg
Sementes de papoula*	1438 mg	*Figo seco*	235 mg
Sementes de coentro moídas*	1246 mg	*Salsinha fresca*	200 mg
Salsinha em pó*	1140 mg	*Agrião*	198 mg
Canela em pó	1228 mg	*Pistache*	135 mg
Sementes de gergelim*	975 mg	*Tofu*	130 mg
Sementes de chia*	631 mg	*Leite de amêndoa**	120 mg
Tahine	420 mg	*Leite de aveia**	120 mg
Farinha de alfarroba	349 mg	*Leite de soja*	120 mg
Pasta de amêndoa	347 mg	*Leite de arroz**	118 mg
Amêndoa	266 mg	*Pão de centeio integral*	115 mg
Couve-manteiga	264 mg	*Cacau em pó*	112 mg

Cálcio - sugestões para aumentar a ingestão e a absorção

- Use ervas aromáticas secas, como tomilho, manjericão e coentro em pó.
- Inclua salsinha e coentro frescos.
- Utilize couve-manteiga e agrião.
- Adicione canela em pó ou farinha de alfarroba a vitaminas, mingaus ou sobremesas.
- Opte por tofu, leite vegetal fortificado e iogurte natural de soja.
- Use diariamente sementes de papoula, chia ou linhaça.
- Reforce o consumo de amêndoa, avelã, pistache e figo seco.
- Ofereça alimentos ricos em vitamina C.

Como garantir a dose diária de vitaminas?

Os legumes, as frutas e os cereais são, por excelência, fontes de vitaminas. Se forem frescos, orgânicos ou germinados, serão ainda mais benéficos. Um menu variado, que inclua sopas, legumes, frutas da época, frutas secas e cereais, irá certamente reforçar a ingestão de vitaminas na alimentação das crianças.

Como sabemos, a vitamina C (importante para a absorção de ferro e cálcio) encontra-se nos cítricos, mas a sua concentração é ainda mais elevada em alimentos como a salsinha, o pimentão, o agrião, a couve, o kiwi e a papaia. Já as vitaminas do complexo B podem ser proporcionadas, sobretudo, por leites vegetais, levedura de cerveja, gérmen de trigo, sementes, oleaginosas, frutas secas e verduras. O ácido fólico encontra-se em teor elevado em levedura de cerveja, lentilha e quiabo. As vitaminas A, D, E e K, solúveis em gordura, são fornecidas por oleaginosas e sementes (em especial, pela linhaça), abacate, azeite, manteigas e óleos vegetais.

Seguindo uma alimentação vegana variada e enriquecida, obtemos as vitaminas essenciais. Contudo, é necessário um cuidado adicional para que não ocorra carência de vitamina B12. Essa vitamina (cobalamina) é rara no reino vegetal, mas essencial para a formação e o correto funcionamento do sistema nervoso e imunológico. Em uma alimentação sem carne, peixe, laticínios e ovos, ou com um consumo residual deles, podem ocorrer carências dessa vitamina se não forem escolhidos alimentos fortificados. É insuficiente dar alimentos com valores residuais de B12 (como a levedura de cerveja, missô ou tempeh).

Nas dietas vegetarianas e veganas, a vitamina B12 pode ser assegurada de duas formas: pelo consumo de alimentos fortificados (como cereais e leites vegetais enriquecidos, em que a B12 é adicionada) ou por suplementação médica. Os dois métodos permitem balancear as necessidades de vitamina B12, cujas quantidades são avaliadas em função da idade. São comercializados vários alimentos adequados para crianças enriquecidos com essa vitamina, como os leites vegetais fortificados (de soja, aveia ou arroz), as farinhas para lactentes e os cereais matinais. Um só copo de leite de aveia fortificado pode ser suficiente para suprir ou até exceder a dose diária (1,8 mcg) recomendada para uma criança de 10 anos.

Durante a gravidez e o aleitamento, as necessidades de vitamina B12 aumentam, sendo muito importante confirmar se a mãe e o bebê estão assegurando uma ingestão adequada das vitaminas D e B12 pela alimentação. A vitamina D auxilia a fixação da cobalamina, sendo obtida também em alimentos fortificados e pela exposição à luz solar. Uma razão a mais para incentivar as crianças e as mães a passarem mais tempo em passeios ao ar livre, aproveitando os benefícios do sol ameno.

Porção diária recomendada de vitaminas

	B12	C
0-6 meses	0,4 mcg	40 mg
7-12 meses	0,5 mcg	50 mg
1-3 anos	0,9 mcg	15 mg
4-8 anos	1,2 mcg	25 mg
9-13 anos	1,8 mcg	45 mg
Gravidez	2,6 mcg	85 mg
Aleitamento	2,8 mcg	120 mg

Vitamina C - principais fontes de origem vegetal
(POR 100 G DE ALIMENTO COZIDO OU PRONTO PARA CONSUMIR)

Alimento	Quantidade	Alimento	Quantidade
Cebolinha seca, desidratada ou em pó*	660 mg	Suco de limão	56 mg
Amora branca seca**	242 mg	Castanha	51 mg
Salsinha	220 mg	Morango	47 mg
Pimentão	90 mg	Couve-flor	45 mg
Agrião	77 mg	Mexerica	40 mg
Kiwi	72 mg	Nectarina	37 mg
Papaia	68 mg	Folhas de couve	35 mg
Couve-crespa	67 mg	Espinafre	35 mg
Coentro	63 mg	Tangerina	32 mg
Couve-de-bruxelas	60 mg	Framboesa	30 mg
Couve-manteiga	58 mg	Canela em pó	28 mg
Couve-portuguesa	58 mg	Melão	26 mg
Repolho roxo	57 mg	Batata-doce	25 mg
Laranja	57 mg	Manga	23 mg

Como garantir os ácidos graxos essenciais?

As crianças necessitam de alimentos calóricos, ricos em energia e gorduras de boa qualidade, que promovam um crescimento equilibrado. Ao incluirmos refeições 100% veganas na sua alimentação, reduzimos as gorduras saturadas e optamos pelas gorduras mais saudáveis. Os lipídios têm um papel importante no corpo, como fonte e reserva de energia, proteção térmica e "transporte" de vitaminas. Porém, as crianças começam cedo a ter preferência por alimentos processados com gorduras prejudiciais, que contribuem para o excesso de peso, a obesidade e o surgimento de problemas cardiovasculares em idade precoce.

As gorduras saturadas encontram-se, normalmente, na carne, nos laticínios, no coco e no óleo de palma; as gorduras insaturadas (monoinsaturadas e poli-insaturadas) estão presentes no azeite e demais óleos vegetais. São consideradas essenciais as gorduras insaturadas que possuem os ácidos graxos ômega-3 (ácido alfa-linoleico) e ômega-6 (ácido linoleico) em uma boa proporção; a chave para uma boa saúde e a prevenção de doenças cardiovasculares reside no correto equilíbrio entre ambos.

Alguns alimentos usados na culinária vegana apresentam uma concentração elevada de ômega-3 (muitíssimo superior à encontrada no peixe), como é o caso das sementes de linhaça e chia. Outras boas fontes de ômega-3 e ômega-6 são as avelãs, as beldroegas e os óleos de linhaça, avelã, noz e cânhamo. Com um teor reduzido de ômega-3 e maior de ômega-6 temos alimentos como o tofu, as bebidas de soja, as sementes de abóbora e de girassol, as frutas secas, azeite e abacate.

Uma forma simples de assegurarmos ácidos graxos essenciais passa por utilizarmos azeite de boa qualidade na preparação culinária e por adicionarmos linhaça a sopas, mingaus, iogurtes ou sobremesas. Esses alimentos são também excelentes fontes de proteína, cálcio e ferro.

Porção diária recomendada de ômega-3 e ômega-6

	Ômega-3	Ômega-6
0-6 meses	0,5 g	4,4 g
7-12 meses	0,5 g	4,6 g
1-3 anos	0,7 g	7 g
4-8 anos	0,9 g	10 g
9-13 anos	1,2 g	10-12 g
Gravidez	1,4 g	13 g
Aleitamento	1,3 g	13 g

Ômega-3 – principais fontes de origem vegetal

(POR 100 G DE ALIMENTO PRONTO PARA CONSUMIR)

Óleo de avelã** (1 c. sopa)	11,3 g	*Óleo de noz** (1 c. sopa)*	1,8 g
Óleo de linhaça** (1 c. sopa)	7,5 g	*Sementes de chia* (1 c. sopa)*	1,7 g
Linhaça moída* (1 c. sopa)	2,3 g	*Avelã (½ xícara)**	1,6 g

Ômegas-3 e 6 – sugestões para uma ingestão balanceada

- Use diariamente linhaça moída e sementes de chia.
- Reforce o consumo de avelã, noz e noz-pecã.
- Acrescente um fio de óleo de avelã, de noz ou de cânhamo (ou uma mistura deles) à comida antes de servir.
- Opte por azeite de boa qualidade, orgânico, de pressão a frio e baixa acidez.
- Use com regularidade abacate e junte beldroega às sopas.
- Evite alimentos fritos e processados.

Como escolher os carboidratos?

As crianças necessitam de alimentos ricos em carboidratos para suprir as necessidades energéticas diárias do seu organismo. Contudo, nem todos os carboidratos são considerados saudáveis, pela forma como são apresentados, absorvidos e digeridos.

Durante os primeiros anos de vida, é fundamental afastar as crianças dos carboidratos de absorção rápida, que fornecem as chamadas "calorias vazias", em especial o açúcar, os doces e os refrigerantes. As frutas constituem uma fonte saudável de carboidratos de absorção rápida, pois, além de energia, fornecem vitaminas, minerais, água e diversos fitonutrientes e antioxidantes. Qual o melhor momento para dar a fruta? Não há consenso, mas sabe-se que é importante que o bebê consuma a fruta em conjunto com outro alimento (por exemplo, mingau ou iogurte) ou como sobremesa da refeição (somente alguns tipos de fruta), para favorecer a absorção mais gradual e a fixação de micronutrientes.

A cozinha vegana privilegia os carboidratos complexos, ricos em nutrientes e de absorção mais lenta. São boas fontes de carboidratos complexos os cereais integrais (aveia, arroz, milhete, quinoa, bulgur, amaranto, centeio, cevada, espelta, pão, torradas ou massas), as leguminosas secas (feijões, grãos, ervilhas, lentilhas ou favas), verduras e tubérculos (batata-doce, beterraba, couve-flor etc.) e algumas frutas secas e oleaginosas (amêndoa, castanha etc.). A fibra presente nesses alimentos reduz a absorção de gorduras e colesterol no trato gastrointestinal e auxilia o corpo a usar a energia de forma lenta e gradual. Porém, na alimentação de bebês e crianças de pouca idade, a quantidade de fibra terá de ser balanceada, de modo a não comprometer a ingestão energética e a absorção dos micronutrientes. Ou seja, podemos escolher alimentos integrais e semi-integrais, uns com maior teor de fibra e outros com menor, obtendo igualmente bons resultados (por exemplo, combinando arroz branco com feijão, milhete com tofu ou massas com grãos).

Um erro comum na alimentação convencional é utilizar-se o mesmo ingrediente várias vezes ao longo do dia, quase sempre a farinha de trigo refinada, sob diferentes formas (em cereais matinais, pães, bolachas, lanches e massas), empobrecendo as refeições e os hábitos alimentares das crianças. Existem outras opções mais saudáveis e que podem ser igualmente atrativas.

Carboidratos – sugestões para uma ingestão balanceada

- Não ofereça alimentos com açúcar às crianças.
- Elimine o açúcar e use somente alimentos naturais para adoçar, como tâmaras.
- Evite repetir a mesma fonte de carboidratos (como o trigo apresentado de diferentes formas) nas refeições ao longo do dia.
- Diversifique os cereais e combine farinhas diferentes na preparação culinária.
- Prefira os alimentos integrais e os semi-integrais em detrimento dos refinados.

Como planejar as refeições

Pode-se pensar que é complicado planejar as refeições, mas é mais fácil do que parece. Após interiorizar as noções básicas, consegue-se rapidamente delinear boas combinações e ajustar as refeições aos produtos sazonais disponíveis, bem como aos hábitos e às preferências da família. O importante é que as crianças possam usufruir de boas fontes de nutrientes, variadas e adequadas à idade. Quantas refeições devem fazer por dia? Idealmente, cinco a seis refeições distribuídas ao longo do dia, para que não fiquem mais do que três horas sem comer.

No café da manhã podemos dar alimentos ricos em cálcio e carboidratos complexos: leite vegetal com cereais sem açúcar ou mingau caseiro; leite vegetal e pão com manteiga vegetal (ou pasta de oleaginosas) ou compota sem açúcar; ou ainda iogurte natural com musli.

No meio da manhã ou da tarde, podemos reforçar com um copo de leite vegetal ou iogurte, pãozinho, bolinho ou bolachas sem açúcar e uma ou duas porções de fruta; ou optar por uma vitamina ou um mingau completos, que incluam leite, fruta, cereal e sementes.

No almoço e no jantar, podemos começar com uma sopa ou um purê de legumes, escolher uma boa fonte proteica (como leguminosas, tofu, tempeh ou seitan), um carboidrato (arroz, massa, milhete, batata-doce etc.), dois ou mais vegetais (brócolis, cenoura, tomate etc.) e temperar com um fio de azeite ou usar um óleo rico em ômega-3. Para terminar a refeição, podemos oferecer uma fruta que auxilie a digestão (como a maçã) ou rica em vitamina C (como a papaia). Antes de deitar, podemos incentivar a criança a tomar um pouco de leite vegetal, para completar a necessidade diária de nutrientes. Essas sugestões devem ser adequadas à idade da criança.

Exemplo de menu diário

(6-7 meses)

		Proteína	Ferro	Zinco	Cálcio	Ômega-3
AO ACORDAR	Leite materno (200 ml)	3,2 g	0,2 mg	0,2 mg	48 mg	–
MEIO DA MANHÃ	Leite materno (200 ml)	3,2 g	0,2 mg	0,2 mg	48 mg	–
ALMOÇO	1 creme de ervilha e abobrinha	4,2 g	1,2 mg	1,5 mg	49 mg	–
	1 colher (chá) de óleo de cânhamo	–	–	–	–	0,7 mcg
	½ abacate	1,1 g	0,3 mg	0,1 mg	4 mg	0,1 mcg
LANCHE	Leite materno (200 ml)	3,2 g	0,2 mg	0,2 mg	48 mg	–
	1 purê de maçã e banana	2,0 g	0,8 mg	0,2 mg	18 mg	–
	2 ameixas secas	0,4 g	0,4 mg	–	5 mg	–
JANTAR	1 creme de arroz, tofu e cenoura	4,5 g	1,2 mg	0,6 mg	108 mg	–
	2 colheres (sopa) de purê de pera	0,3 g	0,3 mg	0,2 mg	48 mg	–
ANTES DE DEITAR	Leite materno (200 ml)	3,2 g	0,2 mg	0,2 mg	48 mg	–
TOTAL		25,3 g	5 mg	3,4 mg	385 mg	0,8 mcg
VALORES RECOMENDADOS – Bebê 6-12 meses		13,5 g	11* mg	2 mg	270 mg	0,5 mcg

* Com suplementação

Exemplo de menu diário
(8-9 meses)

		Proteína	Ferro	Zinco	Cálcio	Ômega-3
AO ACORDAR	Leite materno (200 ml)	3,2 g	0,2 mg	0,2 mg	48 mg	–
MEIO DA MANHÃ	1 mingau de arroz	2,5 g	0,3 mg	0,2 mg	26 mg	
ALMOÇO	1 creme de feijão-fradinho e cenoura	4,8 g	2 mg	0,7 mg	105 mg	–
	1 colher (chá) de levedura de cerveja	1 g	0,1 mg	–	–	–
	2 colher(sopa) de purê de maçã	0,1 g	0,1 mg	–	2 mg	
LANCHE	Leite materno (100 ml)	1,6 g	0,1 mg	0,1 mg	24 mg	–
	1 creme de abacate e manga	1,6 g	0,5 mg	0,2 mg	13 mg	–
	1 colher(chá) de sementes de cânhamo	0,1 g	0,2 mg	0,9 mg	2 mg	0,2 mcg
JANTAR	1 purê de brócolis	2,8 g	1 mg	0,5 mg	56 mg	–
	1 purê de batata-doce e chuchu	1,3 g	0,5 mg	0,4 mg	34 mg	
	½ fatia de tofu (50 g)	4,2 g	0,8 mg	0,5 mg	64 mg	–
	1 colher (chá) de linhaça moída	0,4 g	0,2 mg	0,1 mg	32 mg	0,7 mcg
ANTES DE DEITAR	Leite materno (300 ml)	4,8 g	0,3 mg	0,3 mg	72 mg	
TOTAL		32,3 g	6,3 mg	4,1 mg	478 mg	0,9 mcg
VALORES RECOMENDADOS – Bebê 6-12 meses		13,5 g	11* mg	2 mg	270 mg	0,5 mcg

* Com suplementação

Exemplo de menu diário
(10-12 meses)

		Proteína	Ferro	Zinco	Cálcio	Ômega-3
AO ACORDAR	Leite materno (300 ml)	4,8 g	0,3 mg	0,3 mg	72 mg	–
MEIO DA MANHÃ	1 mingau de quinoa, maçã e abacate	5,3 g	1,3 mg	0,7 mg	30 mg	0,1 mcg
ALMOÇO	1 creme de grão-de-bico e batata-doce	5,7 g	2,2 mg	0,8 mg	76 mg	–
	1 colher (chá) de levedura de cerveja	1 g	0,1 mg	–	–	–
	1 fatia de papaia	0,3 g	0,4 mg	0,2 mg	10 mg	–
LANCHE	1 creme de amêndoa e linhaça	7,6 g	2,4 mg	1,8 mg	160 mg	0,7 mcg
JANTAR	1 açorda de aveia e legumes	4,7 g	1,5 mg	1,4 mg	40 mg	–
	Uva branca (50 g)	0,1 g	0,6 mg	–	5 mg	–
ANTES DE DEITAR	Leite materno (300 ml)	4,8 g	0,3 mg	0,3 mg	72 mg	–
TOTAL		34,3 g	9,2 mg	3,8 mg	460 mg	0,8 mcg
VALORES RECOMENDADOS – Bebê 6-12 meses		13,5 g	11* mg	2 mg	270 mg	0,5 mcg

* Com suplementação

Exemplo de menu diário
(1-3 anos)

		Proteína	Ferro	Zinco	Cálcio	Ômega-3
AO ACORDAR	Leite materno (200 ml)	3,2 g	0,2 mg	0,2 mg	48 mg	–
MEIO DA MANHÃ	1 mingau de aveia com alfarroba e chia	5,8 g	2,6 mg	1,7 mg	304 mg	0,5 mcg
ALMOÇO	1 porção de macarrão de feijão	6,3 g	1,9 mg	1 mg	48 mg	–
	1 porção de brócolis	2,8 g	1 mg	0,5 mg	50 mg	–
	1 maçã assada (ou 1 nectarina)	0,3 g	0,3 mg	–	7 mg	–
LANCHE	1 purê de maçã, cenoura e manga	1,9 g	1,2 mg	0,3 mg	68 mg	–
	1 colher (chá) de pasta de castanha-de-caju	1,7 g	0,5 mg	0,5 mg	21 mg	–
	1 fatia de pão integral	4,5 g	0,8 mg	0,4 mg	–	–
JANTAR	1 sopa vermelha (beterraba)	2 g	1 mg	0,3 mg	47 mg	–
	1 colher (chá) de linhaça moída	0,4 g	0,2 mg	0,1 mg	32 mg	0,7 mcg
	1 porção de jardineira de tofu	5,2 g	1,6 mg	0,7 mg	86 mg	–
ANTES DE DEITAR	Leite materno (300 ml)	4,8 g	0,3 mg	0,3 mg	72 mg	–
TOTAL		38,9 g	11,3 mg	6 mg	789 mg	1,2 mcg
VALORES RECOMENDADOS – Bebê 1-3 anos		13 g	7 mg	3 mg	500 mg	0,7 mcg

5. ESTRATÉGIAS PARA PROVAR E GOSTAR

"Não gosto", "não quero", "não consigo comer" – todos os pais conhecem essas três temidas expressões, que geram aborrecimentos e dissabores à mesa. Qual é o pai ou a mãe que não almeja poder sentar-se e partilhar as refeições com os filhos, com tranquilidade e prazer, vendo-os entusiasmados e satisfeitos enquanto saboreiam legumes, frutas e outros alimentos naturais? Mero sonho para uns, realidade para outros. Onde está a falha? Como podemos incentivar as crianças a provar alimentos saudáveis e gostar deles?

São vários os fatores que podem contribuir para um "paladar seletivo" e que conduzem muitas crianças a níveis pouco recomendáveis de "manias" e gulodice. É verdade que cada criança tem características únicas e que pode revelar desde os primeiros meses reações muito diferentes à comida (maior ou menor interesse, indiferença ou até mesmo rejeição a certos alimentos). Porém, na rotina apressada do dia a dia, temos tendência a cometer alguns erros, uns por falta de reflexão, outros por serem uma solução fácil para fazer as crianças comerem mais depressa e sem birras. Pelas escolhas que fazemos, expomos as crianças desde muito cedo a alimentos açucarados e refinados (como o mingau industrializado, os cereais matinais, as bolachinhas, o ketchup, etc.) e assim as afastamos do sabor natural dos alimentos. Por outro lado, negligenciamos os verdes no prato e apresentamos os legumes misturados a sopas (para "comerem mais depressa e não saberem o que está lá dentro"), o que não favorece a aceitação dos vegetais e de novos alimentos.

As reações dos adultos perante a recusa das crianças nem sempre são as mais sensatas. Alguns tentam o suborno ("se comer tudo ganha um doce"), outros intimidam com um castigo ("se não comer não vai poder brincar no parque"). Porém, essas estratégias são inadequadas e revelam-se ineficazes. Pelo contrário, o reforço positivo – dando o exemplo, elogiando e incentivando a criança a envolver-se e a interessar-se pela mudança – pode originar grandes melhorias nos hábitos alimentares da família. Se, ainda assim, a criança mantiver a relutância a novos alimentos, talvez os pais precisem ser mais assertivos. Perante a habitual reclamação "mas eu não gosto", pode bastar transmitir a ideia: "Não precisa gostar, só precisa comer, depois você se acostuma ao sabor". Na vida também fazemos coisas de que gostamos mais e outras de que gostamos menos, porque são necessárias.

Sugestões para incentivar as crianças a provar e gostar

- Dê o exemplo, provando e apreciando os alimentos que está servindo; explique, em uma linguagem adequada à idade, porque são importantes para o crescimento e a saúde.
- Coloque no prato uma quantidade ajustada ao apetite e à idade da criança, para que ela se habitue a terminar a refeição com o prato vazio.
- Envolva a criança na preparação dos alimentos: peça ajuda para lavar ou cortar os legumes, para misturar ou temperar; assim, ela sentirá naturalmente o desejo de provar, além da alegria de ajudar a executar as tarefas.
- Ajude a montar um prato criativo usando os ingredientes da refeição.
- Combine a regra de uma mordida: antes de dizer "não gosto", deve experimentar um pouquinho da comida; a exposição continuada ao sabor do alimento conduz à habituação; insista com paciência, mas sem forçar.
- Se não comer o que está no prato, não há sobremesa; se não há fome para a comida, não há espaço para a sobremesa.

Como as crianças tendem a agir por observação, será mais fácil se também os pais aderirem. Temos assim a oportunidade única de fomentar e fortalecer hábitos que poderão ser decisivos para a saúde dos nossos filhos. Os gostos e preferências são formados desde cedo e tendem a persistir, daí ser tão importante contrariar desde o início a preferência para o doce ou para o sal e as gorduras saturadas. Ao auxiliarmos as crianças a interiorizar um padrão alimentar saudável, estamos também favorecendo hábitos saudáveis para o futuro. São sementes lançadas para a prevenção do sério problema da obesidade, da diabetes e de outras doenças crônicas.

Medidas e equivalências

LÍQUIDOS (água/leite/óleo/azeite/suco)

1 xícara = 250 ml	1 colher (sopa) = 15 ml
½ xícara = 125 ml	1 colher (sobremesa) = 7,5 ml
⅔ de xícara = 166 ml	1 colher (chá) = 5 ml
⅓ de xícara = 83 ml	1 colher (café) = 2,5 ml

SÓLIDOS (medidas rasas)

Farinha de trigo
1 xícara = 140 g
1 colher (sopa) = 10 g

Farinha de espelta
1 xícara = 140 g
1 colher (sopa) = 10 g

Farinha de arroz integral
1 xícara = 150 g
1 colher (sopa) = 11 g

Farinha sem glúten
1 xícara = 150 g
1 colher (sopa) = 11 g

Amido de milho
1 xícara = 130 g
1 colher (sopa) = 9 g

Farinha de milho
1 xícara = 130 g
1 colher (sopa) = 10 g

Farinha de alfarroba
1 xícara = 100 g
1 colher (sopa) = 6 g

Farinha de aveia integral
1 xícara = 100 g
1 colher (sopa) = 8 g

Aveia em flocos
1 xícara = 100 g
1 colher (sopa) = 7 g

Tâmaras secas sem caroço
1 xícara = 140 g a 150 g
1 tâmara = 8 a 10 g

Amêndoa moída
1 xícara = 120 g
1 colher (sopa) = 9 g

Coco ralado
1 xícara = 80 g
1 colher (sopa) = 5 g

Fermento
1 colher (sopa) = 10 g
1 colher (sobremesa) = 5 g

Levedura de cerveja em pó
1 colher (sopa) = 6 g
1 colher (chá) = 2 g

Linhaça moída
1 colher (sopa) = 6 g
1 colher (chá) = 2 g

Sementes de chia
1 colher (sopa) = 10 g
1 colher (chá) = 3 g

Sementes de cânhamo sem casca
1 colher (sopa) = 10 g
1 colher (chá) = 3 g

Agár-ágar
1 colher (sopa) = 8 g (em pó) ou 4 g (em flocos)
1 colher (sobremesa) = 4 g (em pó) ou 2 g (em flocos)

Primeiros Legumes, Frutas e Cereais

Os purês e as sopinhas de legumes são ideais para habituar o paladar do bebê a uma grande variedade de sabores antes de se introduzirem as frutas e os cereais. Podemos preparar em casa, com todo o cuidado e carinho, os primeiros alimentos sólidos do bebê.

Algumas sugestões:

• Não adicione sal à comida do bebê até os 12 meses.
• Introduza uma novidade de cada vez (respeitando o intervalo de dois ou três dias).
• Opte, se possível, por vegetais orgânicos, da época e de produção local.
• Congele os purês de legumes em porções, para depois combinar sabores e cores diferentes às refeições.
• Use apenas tofu fresco, embalado a vácuo e conservado em geladeira (não compre tofu em embalagens de papelão ou em frasco).
• É obrigatório usar leguminosas cozidas em casa; os feijões e os grãos em conserva, além de sal, têm aditivos impróprios para os bebês. Depois de demolhar, cozinhe as leguminosas e congele-as em porções. Retire a casca antes de adicioná-las às sopas, especialmente até os 9 meses.
• As lentilhas vermelhas sem casca (comercializadas com essa designação) são as mais adequadas para as sopas dos bebês; não necessitam ser demolhadas e podem ser cozidas junto com os legumes.
• Para aumentar o teor proteico e a quantidade de ferro, misture às sopas e aos purês de legumes 1 colher (chá) de sementes moídas, de levedura de cerveja ou de proteína vegetal em pó (ver p. 27).
• Adicione o azeite a sopas e purês ao servir, sem ir ao fogo, para não alterar as propriedades do óleo.
• Em substituição do azeite, adicione 1 colher (chá) (5 ml) de um óleo rico em ômega-3 (por exemplo, óleo de cânhamo, de canola ou de linhaça, ou um óleo que contenha uma mistura destes); misture no prato antes de servir.
• Não aqueça as sopas ou a comida do bebê no micro-ondas, pois isso altera as propriedades e desvitaliza os alimentos.

PURÊS E SOPINHAS DE LEGUMES

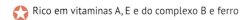

⭐ Rico em vitaminas A, E e do complexo B e ferro

+ 4-6 meses
20 minutos
1-2 porções

Purê de abóbora

1. Descasque a abóbora e corte-a em cubinhos. Leve ao fogo em uma panela tampada, com pouca água, ou cozinhe no vapor, até ficar macia. Retire do fogo e junte o azeite. Triture no processador até obter um creme aveludado ou amasse com um garfo. Sirva ou guarde na geladeira por até 2 dias. Pode congelar por até 1 mês.

1 fatia de abóbora-cheirosa (200 g)
1 colher (café) de azeite

+ 4-6 meses
20 minutos
1-2 porções

⭐ Rico em vitaminas A, E e do complexo B, caroteno e cálcio

Purê de cenoura

2 cenouras (200 g)
1 colher (café) de azeite

1. Descasque as cenouras e corte-as em fatias finas. Leve ao fogo em uma panela tampada, com pouca água, ou cozinhe no vapor, até ficarem macias. Retire do fogo e junte o azeite. Triture no processador até obter um creme aveludado ou amasse com um garfo. Sirva ou guarde na geladeira por até 2 dias. Pode congelar por até 1 mês.

Nota: Aumente a quantidade de azeite para 1 colher (chá) a partir dos 5-6 meses.

+ 4-6 meses
20 minutos
1-2 porções

⭐ Rico em vitaminas A, E, C e do complexo B, cálcio e ferro

Purê de batata-doce e chuchu

1 batata-doce (200 g)
½ chuchu (100 g)
1 colher (café) de azeite

1. Descasque a batata-doce e o chuchu; corte a batata em fatias e o chuchu em pedacinhos. Leve ao fogo com pouca água ou cozinhe no vapor até ficarem macios. Retire do fogo e junte o azeite.

2. Triture no processador até obter um creme aveludado ou amasse com um garfo. Se necessário, junte 1 colher (sopa) da água do cozimento ou de água fervida para obter a consistência desejada. Sirva ou guarde na geladeira por até 2 dias. Pode congelar por até 1 mês.

Estes purês são ideais para iniciar a alimentação sólida do bebê. Ofereça-os sozinhos ou combinados.

⭐ Rico em vitaminas A e C, cálcio, ferro e proteínas

+ 5-6 meses
15 minutos
1-2 porções

Purê de brócolis

1. Lave e separe os brócolis em buquês.

2. Cozinhe com pouca água ou no vapor, até ficarem macios. Retire do fogo e junte o azeite.

3. Triture no processador até obter um creme aveludado ou amasse com um garfo. Se necessário, adicione 1 colher (sopa) da água do cozimento ou de água fervida para obter a consistência desejada. Sirva ou guarde na geladeira por até 2 dias. Pode congelar por até 1 mês.

4 buquês de brócolis (200 g)

1 colher (chá) de azeite

+ 5-6 meses
15 minutos
1-2 porções

⭐ Rico em vitaminas A, cálcio e ferro

Purê de vagem

Um punhado de vagem (200 g)

1 colher (chá) de azeite

1. Lave a vagem e retire as extremidades e os fios.

2. Cozinhe com pouca água ou a vapor, até ficar macia. Retire do fogo e junte o azeite.

3. Triture no processador até obter um creme aveludado. Se necessário, adicione 1 colher (sopa) da água do cozimento ou de água fervida, para obter a consistência desejada. Sirva ou guarde na geladeira por até 2 dias. Pode congelar por até 1 mês.

+ 5-6 meses
15 minutos
1-2 porções

⭐ Rico em vitaminas A e C, ácido fólico, ferro e cálcio

Purê de abobrinha e alho-poró

1 abobrinha pequena (200 g)

1 pedacinho de alho-poró ou de cebola (10 g)

1 colher (chá) de azeite

1. Lave a abobrinha e o alho-poró; corte-os em rodelas finas.

2. Cozinhe com pouca água ou no vapor, até ficarem macios. Retire do fogo e junte o azeite.

3. Triture no processador até obter um creme aveludado. Sirva ou guarde na geladeira por até 2 dias. Pode congelar por até 1 mês.

⭐ Rico em proteínas, ferro, cálcio, vitaminas A e C, ácido fólico e ômega-6

 + 5-6 meses
 20 minutos
 1-2 porções

Creme de aveia, abobrinha e coentro

1. Em uma panela, coloque a aveia, a abobrinha ralada (com a casca), a cebola picada e a água; leve ao fogo por cerca de 15 minutos, mexendo. Adicione o raminho de coentro no último minuto. Retire do fogo e junte o azeite.

2. Triture com o processador até obter um creme aveludado. Se o bebê aceitar, ofereça sem triturar. Sirva ou guarde na geladeira por até 2 dias.

2 colheres (sopa) de aveia em flocos sem glúten

½ abobrinha pequena (100 g)

1 pedacinho de cebola

½ xícara de água

1 raminho de coentro

1 colher (chá) de azeite ou de óleo de linhaça

⭐ Rico em proteínas, ferro, magnésio, zinco, cálcio, vitamina C, caroteno e ômega-6

Creme de quinoa, cenoura e brócolis

2 colheres (sopa) de quinoa ou de flocos de quinoa

1 cenoura (100 g)

½ raminho de brócolis (25 g)

1 xícara de água

1 colher (chá) de azeite ou de óleo de linhaça

1. Lave a quinoa com água abundante e escorra (se for usar flocos de quinoa, não é necessário lavar).

2. Em uma panela, coloque a quinoa, a cenoura ralada, os brócolis picados e a água; cozinhe por cerca de 15 a 20 minutos até absorver o líquido. Retire do fogo e junte o azeite.

3. Triture no processador até obter um creme espesso ou amasse com um garfo. Se necessário, adicione 1 colher (sopa) de água fervida. Sirva ou guarde na geladeira por até 2 dias.

- \+ 5-6 meses
- 25 minutos
- 1-2 porções

⭐ Rico em vitaminas A e do complexo B, caroteno, proteínas, ferro e ômega-6

Creme de milhete, abóbora e vagem

2 colheres (sopa) de milhete ou 1 colher (sopa) de sêmola de milho

½ fatia de abóbora (100 g)

3 vagens (40 g)

1 xícara de água

1 colher (chá) de azeite ou de óleo de linhaça

1. Lave o milhete com água abundante e escorra (se for usar sêmola de milho, não é necessário lavar).

2. Em uma panela, coloque o milhete, a abóbora em cubinhos (ou ralada), a vagem em pedacinhos e a água; cozinhe por cerca de 15 a 20 minutos, até absorver o líquido. Retire do fogo e junte o azeite.

3. Triture no processador até obter um creme espesso ou amasse com um garfo. Se necessário, adicione 1 colher (sopa) de água fervida. Sirva ou guarde na geladeira por até 2 dias.

Rico em proteínas, ferro, magnésio, zinco, vitaminas A e do complexo B, caroteno e ômega-6

+ 6 meses
25 minutos
1-2 porções

Creme de tofu, arroz e agrião

1. Em uma panela, coloque o arroz, o tofu, a cenoura ralada, o agrião, o alho e a água; leve ao fogo por cerca de 15 a 20 minutos. Retire do fogo e junte o azeite.

2. Triture no processador até obter um creme espesso ou amasse com um garfo. Sirva ou guarde na geladeira por até 2 dias.

A partir dos 8-9 meses, pode-se misturar 1 colher (chá) de levedura nutricional, antes de servir, para enriquecer o creme.

1 colher (sopa) de arroz branco ou 2 colheres (sopa) de arroz integral cozido

1 pedacinho de tofu (30 g)

1 cenoura (100 g)

2 raminhos de agrião

½ dente de alho

1 xícara de água

1 colher (chá) de azeite ou de óleo de linhaça

1 colher (chá) de levedura nutricional (opcional, + 8-9 meses)

+ 7 meses
25 minutos
1-2 porções

 Rico em proteínas, ferro, magnésio, zinco, vitaminas A e do complexo B, caroteno e ômegas-3 e 6

Creme de lentilha e abóbora

1 colher (sopa) de lentilhas vermelhas sem casca cruas (10 g)

1 fatia de abóbora (200 g)

1 pedacinho de cebola

½ xícara de água

1 raminho de coentro

1 colher (chá) de azeite ou de óleo de linhaça

1 colher (chá) de proteína de cânhamo (opcional, + 8-9 meses)

1. Em uma panela, coloque as lentilhas vermelhas lavadas (não é necessário demolhar), a abóbora cortada em cubinhos, a cebola picada e a água; cozinhe por cerca de 15 minutos, mexendo. No último minuto, adicione o raminho de coentro. Retire do fogo e junte o azeite.

2. Triture no processador até obter um creme aveludado ou amasse com um garfo. Sirva ou guarde na geladeira por até 2 dias. Pode congelar por até 1 mês.

A partir dos 8-9 meses, pode-se misturar 1 colher (chá) de proteína de cânhamo, antes de servir, para enriquecer o creme.

+ 7 meses
25 minutos
1-2 porções

⭐ Rico em proteínas, ferro, magnésio, zinco, vitaminas A e do complexo B, ácido fólico, fibras e ômega-6

Creme de ervilha e abobrinha

3 colheres (sopa) de ervilhas congeladas (30 g)

½ abobrinha pequena (100 g)

½ chuchu ou 1 mandioquinha (100 g)

1 buquê de couve-flor (50 g)

½ xícara de água

1 raminho de salsinha

1 colher (chá) de azeite ou de óleo de linhaça

1 colher (chá) de levedura de cerveja (opcional, + 8-9 meses)

1. Retire a casca das ervilhas (se o bebê tiver menos de 9 meses). Em uma panela, coloque as ervilhas, a abobrinha, o chuchu e a couve-flor cortados em pedacinhos; junte a água e leve ao fogo por cerca de 15 a 20 minutos. No último minuto, adicione a salsinha. Retire do fogo e junte o azeite.

2. Triture no processador até obter um creme suave. Sirva ou guarde na geladeira por até 2 dias. Pode congelar por até 1 mês.

A partir dos 8-9 meses, pode-se misturar 1 colher (chá) de levedura de cerveja, antes de servir, para enriquecer o creme.

Rico em proteínas, ferro, magnésio, zinco, vitaminas A e do complexo B, caroteno, fibras e ômega-6

+ 7 meses
25 minutos
1 porção

Creme de feijão-fradinho e cenoura

1. Retire a casca do feijão-fradinho cozido (se o bebê tiver menos de 9 meses). Em uma panela, coloque o feijão, a cenoura cortada em fatias finas, a couve-flor, a cebola e a água; cozinhe por cerca de 15 a 20 minutos. No último minuto, adicione o raminho de salsinha. Retire do fogo e junte o azeite.

2. Triture até obter um creme suave ou amasse com um garfo. Sirva ou guarde na geladeira por até 2 dias. Pode congelar por até 1 mês.

A partir dos 8-9 meses, misture 1 colher (chá) de levedura nutricional, antes de servir, para enriquecer o creme.

3 colheres (sopa) de feijão--fradinho cozido sem sal (30 g)

2 cenouras (200 g)

1 buquê de couve-flor (50 g)

1 pedacinho de cebola

1 xícara de água

1 raminho de salsinha

1 colher (chá) de azeite ou de óleo de linhaça

1 colher (chá) de levedura nutricional (opcional, + 8-9 meses)

+ 8 meses
20 minutos
1 porção

Rico em proteínas, ferro, magnésio, zinco, vitaminas A e do complexo B e ômegas-3 e 6

Creme de grão-de-bico e batata-doce

3 colheres (sopa) de grão-de-bico cozido sem sal

1 batata-doce (200 g)

1 pedaço de bolbo de erva-doce (50 g)

1 pedacinho de cebola

1 xícara de água

1 folha de acelga, espinafre ou beldroega

1 colher (chá) de azeite ou de óleo de linhaça

1 colher (chá) de levedura de cerveja (opcional, + 8-9 meses)

1. Retire a casca do grão-de-bico cozido (se o bebê tiver menos de 9 meses). Em uma panela, coloque os grãos, a batata-doce, a erva-doce, a cebola e a água; cozinhe por cerca de 15 minutos. Nos minutos finais, adicione a acelga. Retire do fogo e junte o azeite.

2. Triture até obter um creme suave ou amasse com um garfo. Sirva ou guarde na geladeira por até 2 dias. Pode congelar por até 1 mês.

A partir dos 8-9 meses, misture 1 colher (chá) de levedura de cerveja, antes de servir, para enriquecer o creme.

+ 7 meses
25 minutos
1 porção

⭐ Rico em proteínas, ferro, magnésio, zinco, vitaminas A e do complexo B, fibras e ômega-3 e 6

Creme de feijão-azuqui e amaranto

3 colheres (sopa) de feijão-azuqui ou feijão-vermelho cozido sem sal

1 colher (sopa) de amaranto ou de quinoa

½ fatia de abóbora (100 g)

1 tomate maduro pequeno

1 folha de acelga chinesa

1 pedacinho de cebola

1 xícara de água

1 raminho de hortelã

1 colher (chá) de azeite ou de óleo de linhaça

1 colher (chá) de sementes de cânhamo sem casca (opcional, + 8-9 meses)

1. Retire a casca do feijão cozido (se o bebê tiver menos de 9 meses). Em uma panela, coloque o feijão, o amaranto (lavado), a abóbora cortada em cubinhos, o tomate sem pele, a acelga chinesa, a cebola e a água; cozinhe por cerca de 20 a 25 minutos. No último minuto, adicione o raminho de hortelã. Retire do fogo e junte o azeite.

2. Triture até obter um creme suave. Sirva ou guarde na geladeira por até 2 dias. Pode congelar por até 1 mês.

A partir dos 8-9 meses, misture 1 colher (chá) de sementes de cânhamo, antes de servir, para enriquecer o creme.

Rico em proteínas, ferro, magnésio, zinco, vitaminas A e do complexo B e ômega-6

+ 7 meses
25 minutos
3-4 porções

Sopa verde

1. Retire a casca das ervilhas (se o bebê tiver menos de 9 meses). Em uma panela, coloque a abobrinha, o nabo, a batata-doce e a cebola cortados em pedacinhos; junte as ervilhas e a água e cozinhe por cerca de 15 a 20 minutos. Nos minutos finais, adicione o agrião. Retire do fogo e junte o azeite.

2. Triture até obter um creme suave. Sirva ou guarde na geladeira por até 2 dias. Pode congelar por até 1 mês.

Adicione um pouco de sal se o bebê tiver mais de 12 meses.

½ xícara de ervilhas congeladas

1 abobrinha pequena (200 g)

1 nabo pequeno (100 g)

½ batata-doce (100 g)

1 cebola pequena (50 g)

3 xícaras de água

1 xícara de folhinhas de agrião (15 g)

1 colher (sopa) de azeite ou de óleo de linhaça

+ 10 meses
25 minutos
3-4 porções

 Rico em ferro, zinco, proteínas, vitamina A, caroteno e ômega-6

Sopa vermelha

1 beterraba pequena (100 g)

2 fatias de berinjela (100 g)

2 cenouras (200 g)

1 nabo pequeno (100 g)

1 cebola pequena (50 g)

2 colheres (sopa) de lentilhas vermelhas sem casca (opcional)

3 xícaras de água

2 folhas de beterraba, acelga ou alface (20 g)

1 colher (sopa) de azeite ou de óleo de linhaça

1. Em uma panela, coloque a beterraba, a berinjela, a cenoura, o nabo e a cebola cortados em pedacinhos; junte as lentilhas (lavadas, se for usar) e a água, e leve ao fogo por cerca de 15 a 20 minutos. Nos minutos finais, adicione as folhas de beterraba. Retire do fogo e junte o azeite.

2. Triture até obter um creme suave. Sirva ou guarde na geladeira por até 2 dias. Pode congelar por até 1 mês.

Adicione um pouco de sal se o bebê tiver mais de 12 meses.

+ 8 meses
25 minutos
3-4 porções

★ Rico em vitaminas A e do complexo B, proteínas, ferro, magnésio, zinco e ômega-6

Sopa amarela

1 talo de alho-poró ou de aipo (100 g)

1 fatia de abóbora (200 g)

1 nabo pequeno (100 g)

1 cebola pequena (50 g)

1 tomate maduro pequeno (50 g)

1 colher (sopa) de quinoa ou de aveia em flocos

½ xícara de grão-de-bico cozido sem sal (opcional)

2 xícaras de água

1 xícara de folhinhas de espinafre (15 g) ou 4 raminhos de coentro

1 colher (sopa) de azeite ou de óleo de linhaça

1. Em uma panela, coloque o alho-poró, a abóbora, o nabo, a cebola e o tomate (sem pele) cortados em pedacinhos; junte a quinoa (lavada), o grão (sem casca, se for usar) e a água, e leve ao fogo por cerca de 15 a 20 minutos. Nos minutos finais, adicione o espinafre. Retire do fogo e junte o azeite.

2. Triture no processador até obter um creme suave. Sirva ou guarde na geladeira por até 2 dias. Pode congelar por até 1 mês.

Adicione um pouco de sal se o bebê tiver mais de 12 meses.

Cores e sabores diferentes estimulam o bebê a apreciar um leque maior de alimentos.

Rico em proteínas, ferro, magnésio, zinco, vitamina C e ômega-6

+ 9 meses
5 minutos
3-4 porções

Pasta de lentilha

1. Coloque no copo do processador as lentilhas cozidas sem sal, o alho, o coentro, o azeite, o suco de limão e o gengibre. Triture até obter um creme espesso. Se preferir, amasse com um garfo. Sirva ou guarde na geladeira por até 2 dias. Adicione um pouco de sal a partir dos 12 meses.

1 xícara de lentilhas vermelhas cozidas
½ dente de alho
2 raminhos de coentro
1 colher (sopa) de azeite
1 colher (sobremesa) de suco de limão
½ colher (café) de gengibre ralado

+ 9 meses
5 minutos
3-4 porções

 Rico em proteínas, ferro, magnésio, zinco, cálcio, vitamina C, gorduras insaturadas e ômegas-3 e 6

Pasta de feijão

1 xícara de feijão cozido
½ abacate maduro
½ dente de alho
1 raminho de salsinha
1 colher (sopa) de azeite
1 colher (sobremesa) de suco de limão

1. Retire algumas cascas do feijão cozido sem sal. Coloque no copo do processador o feijão, o abacate, o alho, a salsinha, o azeite e o suco de limão. Triture até obter um creme espesso. Se preferir, amasse com um garfo. Sirva ou guarde na geladeira por até 2 dias. Adicione um pouco de sal a partir dos 12 meses.

 Rico em proteínas, ferro, magnésio, zinco, cálcio, vitamina C, gorduras insaturadas e ômegas-3 e 6

+ 9 meses
5 minutos
3-4 porções

Pasta de grão-de-bico

1. Retire as cascas do grão cozido sem sal. Coloque no copo do processador o grão, o abacate, o alho, a salsinha, o coentro, o azeite e o suco de limão. Triture até obter um creme espesso. Sirva ou guarde na geladeira por até 2 dias. Adicione um pouco de sal a partir dos 12 meses.

1 xícara de grão-de-bico cozido
½ abacate maduro
½ dente de alho
1 raminho de salsinha e coentro
1 colher (sopa) de azeite
1 colher (sobremesa) de suco de limão

Estas pastas proteicas são ideais para completar as refeições, combinadas com cereais e vegetais.

Rico em proteínas, ferro, zinco, magnésio, cálcio, gorduras insaturadas e ômegas-3 e 6

Pasta de tempeh

1. Cozinhe o tempeh com um pouco de água por 8 minutos e escorra; deixe esfriar.

2. Coloque no copo do processador o tempeh, o abacate, o alho, o coentro, o azeite, o suco de limão, a pasta de amêndoa (se for usar), a páprica doce e a cúrcuma. Triture até obter um creme espesso. Sirva ou guarde na geladeira por até 2 dias.

Pode-se adicionar um pouco de sal a partir dos 12 meses.

2 fatias de tempeh (100 g)

½ abacate maduro

½ dente de alho

2 raminhos de coentro

1 colher (sopa) de azeite

1 colher (sopa) de suco de limão

2 colheres (chá) de pasta de amêndoa ou tahine (opcional, + 10 meses)

uma pitada de páprica doce

uma pitada de cúrcuma

 Rico em proteínas, ferro, magnésio, zinco, gorduras insaturadas e ômegas-3 e 6

Pasta de ervilha

1 xícara de ervilhas

½ abacate maduro

½ dente de alho

1 raminho de coentro

1 raminho de hortelã

1 colher (sopa) de azeite

1 colher (sobremesa) de suco de limão

1 colher (chá) de tahine ou de pasta de castanha-de-caju (opcional + 10 meses)

1. Retire algumas cascas das ervilhas cozidas sem sal. Coloque no copo do processador as ervilhas, o abacate, o alho, o coentro, a hortelã, o azeite, o suco de limão e o tahine (se for usar). Triture até obter um creme espesso. Sirva ou guarde na geladeira por até 2 dias.

Pode-se adicionar um pouco de sal a partir dos 12 meses.

+ 8 meses
10 minutos
3-4 porções

⭐ Rico em proteínas, ferro, magnésio, zinco, cálcio, gorduras insaturadas e ômegas-3 e 6

Pasta de tofu
(tipo maionese)

2 fatias de tofu fresco (100 g)

½ abacate maduro

½ dente de alho

2 folhas de manjericão ou 2 raminhos de coentro

1 colher (sopa) de azeite

1 colher (sopa) de suco de limão

1 colher (sopa) de sementes de cânhamo sem casca (opcional)

uma pitada de páprica doce

uma pitada de cúrcuma

1. Ferva o tofu por 3 minutos e escorra; deixe esfriar.

2. Coloque no copo do processador o tofu, o abacate, o alho, o manjericão, o azeite, o suco de limão, as sementes de cânhamo (se for usar), a páprica doce e a cúrcuma. Triture até obter um creme espesso. Sirva ou guarde na geladeira por até 2 dias.

Pode-se adicionar um pouco de sal a partir dos 12 meses.

Sirvas estas pastas com torradas ou use para enriquecer sanduíches, quando o bebê crescer.

67

Rico em vitaminas A e do complexo B, carboidratos, proteínas, ferro, zinco e ômega-6

+ 8 meses
20 minutos
1 porção

Açorda de aveia e legumes

1. Em uma panela, coloque a abobrinha, a berinjela, a vagem, os cogumelos (se for usar), a cebola e o alho finamente picados; adicione a água e leve ao fogo por cerca de 10 minutos.

2. Junte a aveia e o coentro picado, mexa bem e deixe engrossar. Retire do fogo e misture o azeite. Sirva ou guarde na geladeira por até 2 dias.

A partir dos 10 meses, pode-se misturar 1 colher (sopa) de castanha-de-caju moída, antes de servir, para aumentar o teor de ferro da açorda.

1 pedacinho de abobrinha (50 g)

1 pedacinho de berinjela (50 g)

2 vagens ou aspargos (50 g)

2 cogumelos shiitake (opcional, + 10 meses)

1 pedacinho de cebola

½ dente de alho

1¼ xícara de água

4 colheres (sopa) de aveia em flocos finos

2 raminhos de coentro

1 colher (chá) de azeite ou de óleo de linhaça

1 colher (sopa) de castanha-de-caju moída (opcional, + 10 meses)

+ 6 meses
20 minutos
1 porção

★ Rico em proteínas, ferro, zinco, magnésio, cálcio, vitamina A e ômega-6

Açorda de farinha de mandioca e tofu

1 pedacinho de tofu (30 g)

1 pedacinho de abóbora (50 g)

1 folha de couve-chinesa (10 g)

1 pedacinho de cebola

1 xícara de água

2 colheres (sopa) de farinha de mandioca

2 raminhos de coentro

1 colher (chá) de azeite ou de óleo de linhaça

1 colher (chá) de linhaça moída ou de sementes de cânhamo sem casca (opcional, + 8-9 meses)

1. Em uma panela, coloque o tofu amassado, a abóbora ralada e a couve e a cebola finamente picadas; adicione a água e leve ao fogo por cerca de 12 minutos.

2. Junte a farinha aos poucos e o coentro picado; mexa bem, para não formar grumos, e deixe engrossar. Retire do fogo e misture o azeite. Sirva ou guarde na geladeira por até 2 dias.

A partir dos 8-9 meses, pode-se adicionar 1 colher (chá) de linhaça moída ou de sementes de cânhamo, antes de servir, para enriquecer a açorda.

A açorda é um prato típico de Portugal, uma espécie de papa de miolo de pão ensopado em caldo e temperado com azeite.

Rico em carboidratos, vitaminas A, C e do complexo B, caroteno, ferro e ômega-6

+ 10 meses
20 minutos
4 porções

Sopa de missô

1. Se for usar, demolhe a alga em água, por 10 minutos, e deixe escorrer.

2. Em uma panela, coloque a cebola e o alho finamente picados, a cenoura e o nabo ralados, os cogumelos em tirinhas, o agrião, o coentro e a alga escorrida. Adicione a água e cozinhe por cerca de 15 minutos. Retire do fogo e junte o azeite.

3. À parte, dissolva a pasta de missô em um pouco de água quente e misture na sopa (o missô não deve ser fervido). Sirva ou guarde na geladeira por até 2 dias. Pode-se oferecer a água da sopa, em uma caneca, para o bebê tomar.

Junte uma pitada de sal a partir dos 12 meses.

1 colher (sopa) de alga arame (opcional)
1 cebola pequena
1 dente de alho
2 cenouras (200 g)
1 nabo (100 g)
6 cogumelos shiitake (80 g)
1 xícara de folhinhas de agrião ou de beldroega (10 g)
1 raminho de coentro
4 xícaras de água
1 colher (sopa) de azeite
2 colheres (chá) de pasta de missô

+ 10 meses
20 minutos
4 porções

Rico em carboidratos, vitaminas A, C e do complexo B, caroteno e ômega-6

Sopa de letrinhas e cogumelos
(canja)

1 cebola

1 dente de alho

1 cenoura (100 g)

3 cogumelos pleurotus (100 g)

2 raminhos de coentro

4 xícaras de água

6 colheres (sopa) de macarrão integral (com formas de letrinhas)

1 colher (sopa) de azeite

1. Em uma panela, coloque a cebola e o alho finamente picados, a cenoura cortada em rodelas finas, os cogumelos em tirinhas e o coentro; adicione a água e leve ao fogo por cerca de 8 minutos.

2. Junte o macarrão e cozinhe por mais 10 minutos ou até ficar macio. Retire do fogo e junte o azeite. Sirva ou guarde na geladeira por até 2 dias.

Junte uma pitada de sal a partir dos 12 meses.

Nota: Receita inspirada no blog *Patrícia is Cooking* (www.patriciaiscooking.blogspot.com)

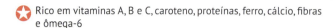

⭐ Rico em vitaminas A, B e C, caroteno, proteínas, ferro, cálcio, fibras e ômega-6

🍴 + 8 meses
🕐 60 minutos
👥 4 porções

Tábua de legumes

1. Lave bem as verduras e os legumes. Coloque as batatas-doces inteiras (com a casca) em uma assadeira. À parte, em outra assadeira, distribua as cenouras, a abóbora e a abobrinha cortadas em palitos grossos; junte o pimentão e tempere com um fio de azeite, alho picado, páprica doce e manjericão. Leve para assar a 250 °C por cerca de 40 a 50 minutos. No final, tire a pele da batata-doce e do pimentão.

2. Ferva o tofu por 3 minutos e envolva-o com os legumes assados para adquirir sabor. Cozinhe os brócolis, a couve-flor e a vagem. Corte o pepino em rodelas ou palitos e os tomates pela metade. Se quiser, adicione uma leguminosa cozida (feijão ou grão). Monte pratos coloridos e divertidos com todos os ingredientes.

Deixe o bebê pegar os alimentos e levá-los à boca, para descobrir, por si próprio, diferentes sabores, aromas e texturas.

2 batatas-doces pequenas

6 cenourinhas ou 2 mandioquinhas

1 fatia de abóbora

½ abobrinha pequena

½ pimentão amarelo ou vermelho

1 dente de alho

páprica doce e manjericão a gosto

2 fatias de tofu fresco

2 buquês de brócolis

2 buquês de couve-flor

2 vagens

½ pepino de casca fina

4 tomates cereja

azeite a gosto

Ofereça refeições ao estilo BLW (ver p. 20), com legumes cozidos, assados ou crus, cortados em pedaços para o bebê.

Podemos preparar em casa os primeiros purês de fruta e os mingaus de cereais para o bebê selecionando as frutas mais saborosas e os cereais mais completos. Os mingaus caseiros podem ainda ser enriquecidos com ferro, zinco e magnésio adicionando-se sementes moídas.

Algumas sugestões:

- Introduza uma novidade de cada vez (seja uma fruta, um cereal ou uma especiaria).
- Opte, se possível, por frutas orgânicas, maduras e da época, e por cereais orgânicos.
- Escolha frutas secas (uva-passa, figo ou ameixa seca) de boa qualidade, sem sulfitos; em caso de dúvida, demolhe-as e elimine a água.
- Os purês de fruta podem ser congelados em porções para adicionar ao mingau quando precisar.
- É recomendável usar água para cozinhar o mingau caseiro, adicionando o leite do bebê apenas no final, para diluir, pois o leite materno ou a fórmula não devem ser fervidos.
- Pode-se usar leite vegetal caseiro para cozinhar o mingau, em substituição da água. Os leites vegetais caseiros são adequados para preparar mingaus e vitaminas a partir dos 6 meses (escolha o leite em função da idade do bebê); os leites vegetais industrializados (sem açúcar adicionado) também podem ser usados a partir dos 9 meses.
- Para aumentar o teor de ferro, magnésio e zinco, adicione 1 colher (chá) de linhaça moída ou de uma mistura de sementes trituradas (ver p. 27) antes de servir, a partir dos 9 meses.
- Para enriquecer o mingau caseiro com ômega-3 (ácido linoleico), misture no prato 1 colher (chá) (5 ml) de um óleo rico em ômega-3. Pode ser óleo de cânhamo, de canola ou de linhaça ou um óleo que contenha uma mistura destes. Outra opção é adicionar 1 colher (chá) de sementes moídas de chia, de linhaça ou de cânhamo a partir dos 8-9 meses.
- Se tiver um processador potente, você pode fazer em casa farinhas integrais, triturando ou pulverizando os grãos ou os flocos de cereais (de arroz integral, trigo-sarraceno, aveia ou outros cereais) até virarem pó. Para obter farinha não é necessário lavar ou demolhar os grãos antes de triturar.
- Não use o micro-ondas para aquecer o mingau, pois ele altera as propriedades dos alimentos, desvitalizando-os.

CREMES DE FRUTAS E MINGAUS DE CEREAIS

Rico em carboidratos, fibras, vitaminas A e do complexo B e ferro

+ 4-6 meses
15 minutos
1-2 porções

Purê de maçã

1. Descasque, descaroce e corte a maçã em fatias finas.

2. Em uma panela com tampa, cozinhe a maçã com a água e o pau de canela (se for usar), em fogo brando, por cerca de 10 minutos ou até a maçã ficar macia. Retire o pau de canela e triture para obter um creme aveludado. Se preferir, amasse com um garfo. Sirva ou guarde na geladeira por até 2 dias.

É o purê ideal para introduzir frutas na alimentação do bebê.

2 maçãs maduras e doces
1 colher (sopa) de água
1 pau de canela
(+ 6 meses)

 Rico em carboidratos, fibras, vitaminas do complexo B, ferro e magnésio

Purê de pera

2 peras maduras e doces
1 colher (sopa) de água

1. Descasque, descaroce e corte a pera em fatias finas.

2. Em uma panela com tampa, cozinhe a pera com a água, em fogo brando, por cerca de 10 minutos ou até a pera ficar macia. Triture para obter um creme aveludado ou amasse com um garfo. Sirva ou guarde na geladeira por até 2 dias.

+ 5-6 meses
15 minutos
1 porção

★ Rico em carboidratos, vitaminas A e do complexo B, ferro, magnésio e fósforo

Purê de maçã e banana

1 maçã madura e doce

1 banana pequena madura

1 colher (sopa) de água

1 pau de canela
(+ 6 meses)

1. Descasque, descaroce e corte a maçã em fatias finas; retire os fios da banana e corte-a em rodelas.

2. Em uma panela com tampa, cozinhe a maçã e a banana com a água e o pau de canela (se for usar), em fogo brando, por cerca de 10 minutos. Se preferir, junte a banana apenas no final. Triture para obter um creme aveludado ou amasse com um garfo. Sirva ou guarde na geladeira por até 2 dias.

Nota: Se quiser, junte 2 ameixas secas sem caroço a partir dos 6-7 meses para aumentar o teor de ferro e fibras.

Rico em carboidratos, fibras, vitaminas C e do complexo B, ferro e magnésio

+ 7 meses
15 minutos
1 porção

Purê de pera e mirtilo

1. Descasque, descaroce e corte a pera em fatias finas; corte os mirtilos em pedacinhos.

2. Em uma panela com tampa, cozinhe a pera e os mirtilos com a água e o pau de canela, em fogo brando, por cerca de 10 minutos. Retire o pau de canela e triture para obter um creme aveludado ou amasse com um garfo. Sirva ou guarde na geladeira por até 2 dias.

2 peras maduras e doces
6 mirtilos
1 colher (sopa) de água
1 pau de canela

+ 6 meses
15 minutos
2 porções

Rico em carboidratos, fibras, vitaminas A, C e do complexo B, cálcio, ferro e magnésio

Purê de pera, papaia e ameixa seca

1 pera (ou 1 maçã) madura e doce

½ papaia madura

2 ameixas secas (+ 7 meses)

1 colher (sopa) de água

1 pau de canela

1. Descasque, descaroce e corte a pera em fatias finas; corte a polpa da papaia e as ameixas (se for usar) em pedacinhos.

2. Em uma panela com tampa, cozinhe a pera, a papaia e as ameixas secas com a água e o pau de canela em fogo brando por cerca de 10 minutos. Retire o pau de canela e triture até obter um creme aveludado ou amasse com um garfo. Sirva ou guarde na geladeira por até 2 dias.

+ 6 meses
20 minutos
2 porções

★ Rico em carboidratos, fibras, vitaminas A, C e do complexo B, caroteno e ferro

Purê de maçã, cenoura e manga

1 maçã madura e doce
1 cenoura
1 manga madura
2 colheres (sopa) de água
1 pau de canela
suco de 1 tangerina
(+ 7 meses)

1. Descasque, descaroce e corte a maçã em fatias; rale a cenoura ou corte-a em rodelas bem finas; corte a polpa da manga em pedacinhos.

2. Em uma panela com tampa, cozinhe a maçã e a cenoura com a água e o pau de canela por cerca de 15 minutos, sem deixar queimar. No final, junte a manga e retire o pau de canela. Triture para obter um creme aveludado ou amasse com um garfo. Sirva ou guarde na geladeira por até 2 dias.

A partir dos 7 meses, pode-se adicionar o suco de 1 tangerina antes de triturar para reforçar o teor de vitamina C.

Rico em carboidratos, fibras, vitaminas A e do complexo B, ferro e gorduras insaturadas

+ 6 meses
15 minutos
2 porções

Creme de abacate, maçã e hortelã

1. Descasque, descaroce e corte a maçã em fatias finas. Leve ao fogo com a água em uma panela com tampa, por cerca de 10 minutos ou até ficar macia.

2. Coloque no processador a maçã cozida, a polpa do abacate, a hortelã e o suco de limão (se for usar), e triture até obter um creme aveludado. Sirva em seguida para evitar que oxide.

1 maçã madura e doce
1 colher (sopa) de água
1 abacate maduro
1 raminho de hortelã
1 colher (café) de suco de limão (+ 7 meses)

+ 6 meses
10 minutos
1-2 porções

 Rico em proteínas, cálcio, ferro, carboidratos, vitaminas A e do complexo B, gorduras insaturadas e ômegas-3 e 6

Creme de abacate, banana e tofu

1 fatia de tofu fresco natural (50 g)

1 abacate maduro pequeno

½ banana madura

uma pitada de canela em pó

1 colher (café) de suco de limão (+ 7 meses)

1 colher (chá) de linhaça moída (+ 8 meses)

1. Ferva o tofu por 3 minutos, escorra-o e corte-o em pedaços. Abra o abacate no sentido longitudinal, elimine o caroço e tire a polpa com uma colher; retire os fios da banana e corte-a em rodelas.

2. Coloque no processador todos os ingredientes e triture até obter um creme aveludado ou amasse com um garfo. Se necessário, junte um pouco de água fervida para diluir. Sirva em seguida.

+ 9 meses
5 minutos
1 porção

⭐ Rico em vitaminas A, C e do complexo B, cálcio, ferro, gorduras insaturadas e ômegas-3 e 6

Creme de abacate e manga

1 abacate maduro

½ manga madura

1 colher (chá) de sementes de cânhamo sem casca

1 colher (café) de suco de limão

1. Coloque no processador as polpas do abacate e da manga, as sementes de cânhamo e o suco de limão. Triture até obter um creme aveludado ou amasse com um garfo. Sirva em seguida.

O abacate é uma fonte concentrada de gordura, ômega-3 e energia, imprescindível na alimentação do bebê.

Para os cremes de abacate, é importante escolher abacates maduros, com a polpa macia; não use as partes escurecidas.

Rico em carboidratos, proteínas, fibras, vitaminas A, C e do complexo B, ferro e zinco

+ 10 meses
15 minutos
2 porções

Creme de maçã e castanha

1. Descasque, descaroce e corte a maçã em fatias finas.

2. Em uma panela com tampa, leve ao fogo brando a maçã, as castanhas (previamente cozidas e descascadas), o pau de canela, a casca de limão e a água, por cerca de 10 minutos ou até a maçã ficar macia. Retire o pau de canela e a casca de limão, e triture até obter um creme aveludado. Sirva com a canela em pó e a erva-doce. Guarde na geladeira por até 2 dias.

3 maçãs maduras e doces
6 castanhas portuguesas cozidas
1 pau de canela
1 tirinha de casca de limão
2 colheres (sopa) de água
uma pitada de canela em pó
uma pitada de erva-doce

+ 10 meses
5 minutos
1 porção

Rico em proteínas, cálcio, ferro, zinco, magnésio, fósforo, fibras, gorduras insaturadas e ômegas-3 e 6

Creme de amêndoa e linhaça

1 pote de iogurte natural de soja

1 banana madura

1 tangerina (suco)

1 colher (sopa) de amêndoa moída

1 colher (café) de linhaça moída

1 colher (café) de sementes de chia

½ colher (café) de canela em pó

1. Misture o iogurte, a banana cortada em rodelas (retire os fios), o suco de tangerina, a amêndoa, a linhaça, as sementes de chia e a canela; triture até obter um creme aveludado. Guarde na geladeira por até 2 dias.

Nota: Se quiser, substitua o iogurte de soja por iogurte natural de amêndoa (ver p. 104). Nesse caso, não adicione a amêndoa moída.

+ 10 meses
5 minutos
2 porções

⭐ Rico em vitaminas A, C, E e do complexo B, cálcio, ferro e ômegas-3 e 6

Creme de frutas vermelhas

1 banana muito madura

½ xícara de frutas vermelhas (exceto morango e amora)

1 colher (sopa) de iogurte natural de soja

1 colher (café) de linhaça moída

1 colher (café) de sementes de chia

½ colher (café) de canela em pó

1. Misture a banana cortada em rodelas (retire os fios), as frutas vermelhas, o iogurte, a linhaça, as sementes de chia e a canela; triture até obter um creme aveludado. Sirva em seguida.

Nota: A partir dos 12 meses, se quiser, adicione morangos e amoras de produção orgânica.

Rico em carboidratos, fibras, vitaminas A e do complexo B, ferro e magnésio

+ 10 meses
25 minutos
4 porções

Maçã e pera assadas com ameixa

1. Lave e descaroce as maçãs e as peras com um descaroçador de fruta; pique as ameixas (sem caroço) e coloque-as nos orifícios abertos nas frutas.

2. Disponha as frutas recheadas em uma assadeira, polvilhe com canela em pó e leve ao forno preaquecido a 200 °C por cerca de 20 minutos.

Ofereça ao bebê a fruta assada ainda quentinha ou misture no mingau.

2 maçãs pequenas
2 peras pequenas
4 ameixas secas
canela em pó a gosto

+ 9 meses
25 minutos
2-3 porções

★ Rico em carboidratos, fibras, vitaminas A e do complexo B, ferro, magnésio e zinco

Crumble de pera e figo
(sem açúcar)

2 peras maduras

4 figos maduros

6 colheres (sopa) de aveia em flocos finos

2 colheres (sopa) de farinha de trigo, de espelta ou de arroz integral

3 colheres (sopa) de manteiga vegetal

1 colher (café) de canela em pó

½ limão (raspa)

2 tâmaras secas (opcional)

1. Descasque e corte a pera em cubinhos ou em fatias finas e coloque-as em uma assadeira pequena ou em fôrmas individuais. Retire a polpa dos figos e distribua da mesma forma. Leve a assadeira ao forno preaquecido a 210 °C por cerca de 15 minutos.

2. Enquanto isso, misture em uma tigela a aveia em flocos, a farinha, a manteiga, a canela e a raspa de limão até obter uma farofa; se quiser adoçar, junte as tâmaras finamente picadas e envolva bem.

3. Retire a assadeira do forno, polvilhe com a farofa e leve novamente ao forno por cerca de 10 minutos ou até dourar.

⭐ Rico em carboidratos, proteínas, ferro, zinco, fósforo e cálcio

+ 4-6 meses
15 minutos
1-2 porções

Mingau de arroz
(sem glúten)

1. Em uma panela, dissolva a farinha de arroz na água e cozinhe em fogo brando por cerca de 10 minutos, até engrossar, mexendo. Retire do fogo.

2. Antes de servir, dilua o mingau com um pouco do leite (cerca de 60 a 90 ml), para obter um creme aveludado. Não ferva o mingau depois de adicionar o leite do bebê nem guarde o que sobrar.

Nota: A farinha de arroz pode ser feita triturando grãos de arroz integral em um processador potente. Em alternativa à farinha, prepare o mingau com arroz integral muito bem cozido e sem sal.

3 colheres (sopa) de farinha de arroz integral

1 xícara de água (250 ml)

leite do bebê (materno ou fórmula) para diluir

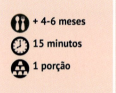
+ 4-6 meses
15 minutos
1 porção

⭐ Rico em carboidratos, fibras, proteínas, ferro, zinco, fósforo, cálcio e vitaminas A e do complexo B

Mingau de arroz com maçã
(sem glúten)

1 maçã doce e madura

3 colheres (sopa) de farinha de arroz integral

1 xícara de água (250 ml)

leite do bebê (materno ou fórmula) para diluir

1. Descasque, descaroce e corte a maçã em cubinhos (ou rale-a).

2. Em uma panela, dissolva a farinha de arroz na água, junte a maçã e cozinhe em fogo brando, por cerca de 10 minutos, até engrossar, mexendo. Retire do fogo e amasse com um garfo os pedacinhos de fruta ou triture, se necessário.

3. Antes de servir, dilua o mingau com um pouco do leite (cerca de 90 ml), para obter um creme aveludado. Não ferva o mingau depois de adicionar o leite do bebê nem guarde o que sobrar.

+ 7 meses
15 minutos
1 porção

⭐ Rico em carboidratos, fibras, proteínas, ferro, zinco, fósforo, cálcio, vitaminas A e do complexo B e caroteno

Mingau de arroz com damasco e cereja
(sem glúten)

1 damasco fresco maduro ou 1 fatia de manga

3 cerejas

3 colheres (sopa) de farinha de arroz integral

1 xícara de água (250 ml)

leite do bebê (materno ou vegetal) para diluir

1. Corte a polpa do damasco em pedacinhos; descaroce e pique finamente as cerejas.

2. Em uma panela, dissolva a farinha de arroz na água, junte o damasco e as cerejas, e cozinhe em fogo brando por cerca de 10 minutos, mexendo sempre. Retire do fogo e amasse com um garfo ou triture, se necessário.

3. Antes de servir, dilua o mingau com um pouco do leite (cerca de 90 ml), para obter um creme aveludado. Não ferva o mingau depois de adicionar o leite do bebê nem guarde o que sobrar.

Rico em carboidratos, fibras, proteínas, ferro, zinco e magnésio

+ 6 meses
15 minutos
1 porção

Mingau de milho com banana
(sem glúten)

1. Amasse a banana com um garfo.

2. Em uma panela, dissolva a farinha de milho na água, junte a banana e cozinhe por cerca de 10 minutos em fogo brando, mexendo. Retire do fogo.

3. Antes de servir, dilua o mingau com um pouco do leite (cerca de 90 ml), para obter um creme aveludado. Não ferva o mingau depois de adicionar o leite do bebê nem guarde o que sobrar.

½ banana madura

3 colheres (sopa) de farinha de milho

1 xícara de água (250 ml)

leite do bebê (materno ou fórmula) para diluir

+ 7 meses
15 minutos
1 porção

 Rico em carboidratos, fibras, proteínas, ferro, cálcio, zinco e magnésio

Mingau de sêmola com pera e figo
(sem glúten)

1 pera madura

1 figo seco

2 colheres (sopa) de sêmola de milho

1 xícara de água (250 ml)

1 pau de canela

1 tirinha de casca de limão

leite do bebê (materno ou fórmula) para diluir

1. Descasque e amasse a pera com um garfo; pique o figo finamente.

2. Em uma panela, dissolva a sêmola de milho na água; junte a pera, o figo, o pau de canela e a casca de limão e cozinhe por cerca de 12 minutos em fogo brando, mexendo sempre, até engrossar. Retire do fogo e separe a casca de limão e o pau de canela.

3. Antes de servir, dilua o mingau com um pouco do leite (cerca de 60 a 90 ml), para obter um creme aveludado. Não ferva o mingau depois de adicionar o leite do bebê nem guarde o que sobrar.

+ 4-6 meses
25 minutos
1 porção

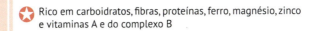
Rico em carboidratos, fibras, proteínas, ferro, magnésio, zinco e vitaminas A e do complexo B

Mingau de milhete com maçã e camomila
(sem glúten)

1 colher (chá) de flores secas de camomila ou 1 saquinho de infusão de camomila

1½ xícara de água (375 ml)

3 colheres (sopa) de milhete

1 maçã doce e madura

leite do bebê (materno ou fórmula) para diluir

1. Prepare uma infusão de camomila: ferva as flores com a água, coe e reserve. Lave o milhete em água abundante e escorra. Descasque, descaroce e corte a maçã em cubinhos (ou rale).

2. Em uma panela, cozinhe o milhete na infusão por cerca de 20 minutos ou até ficar macio e engrossar; na metade do tempo, junte a maçã. Retire do fogo e triture grosseiramente, se necessário.

3. Antes de servir, dilua o mingau com um pouco do leite (cerca de 60 a 90 ml), para obter um creme. Não ferva o mingau depois de adicionar o leite do bebê nem guarde o que sobrar.

Rico em carboidratos, fibras, proteínas, ferro, magnésio, zinco e vitaminas do complexo B

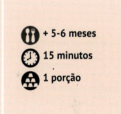
+ 5-6 meses
15 minutos
1 porção

Mingau de três cereais com pera
(sem glúten)

1. Descasque e amasse a pera com um garfo.

2. Em uma panela, dissolva as farinhas e o amido na água; junte a pera e o bulbo de erva-doce (se for usar; tem propriedades que auxiliam a digestão), e leve ao fogo brando por cerca de 10 minutos, mexendo sempre, até engrossar. Retire do fogo e separe a erva-doce.

3. Antes de servir, dilua o mingau com um pouco do leite (cerca de 60 a 90 ml), para obter um creme aveludado. Não ferva o mingau depois de adicionar o leite do bebê nem guarde o que sobrar.

1 pera madura

1 colher (sopa) de farinha de arroz integral

1 colher (sopa) de farinha de trigo-sarraceno ou de aveia

1 colher (sopa) de amido de milho

1 xícara de água (250 ml)

1 bulbo de erva-doce (opcional)

leite do bebê (materno ou fórmula) para diluir

Rico em carboidratos, proteínas, ferro, magnésio, zinco, fibras e vitaminas A e do complexo B

+ 6 meses
15 minutos
1 porção

Mingau de cevada

1. Amasse a banana com um garfo e rale a maçã.

2. Em uma panela, dissolva a farinha na água; junte a banana, a maçã e a casca de limão (se for usar). Cozinhe em fogo brando por cerca de 10 minutos, mexendo sempre. Retire do fogo e separe a casca de limão.

3. Antes de servir, dilua o mingau com um pouco do leite (cerca de 90 ml), para obter um creme aveludado. Não ferva o mingau depois de adicionar o leite do bebê nem guarde o que sobrar.

½ banana madura

½ maçã madura

3 colheres (sopa) de farinha de cevada integral

1 xícara de água (250 ml)

1 tirinha de casca de limão (+ 7 meses)

leite do bebê (materno ou fórmula) para diluir

+ 8 meses
15 minutos
1 porção

⭐ Rico em carboidratos, fibras, proteínas, ferro, magnésio, zinco, fósforo e vitaminas C e do complexo B

Mingau de trigo-sarraceno com mirtilo
(sem glúten)

½ banana madura

6 mirtilos

3 colheres (sopa) de farinha de trigo-sarraceno

1 xícara de água (250 ml)

leite do bebê (materno ou fórmula) para diluir

1. Amasse a banana com um garfo e corte finamente os mirtilos.

2. Em uma panela, dissolva a farinha de trigo-sarraceno na água; junte a banana e os mirtilo, e cozinhe em fogo brando por cerca de 10 minutos, mexendo sempre. Retire do fogo e amasse os pedacinhos de fruta com um garfo, se necessário.

3. Antes de servir, dilua o mingau com um pouco do leite (cerca de 90 ml) para obter um creme aveludado. Não ferva o mingau depois de adicionar o leite do bebê nem guarde o que sobrar.

O trigo-sarraceno e a cevada são cereais usados desde a Antiguidade, naturalmente ricos em proteínas, ferro e outros minerais.

+ 7 meses
15 minutos
1 porção

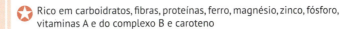 Rico em carboidratos, fibras, proteínas, ferro, magnésio, zinco, fósforo, vitaminas A e do complexo B e caroteno

Mingau de quinoa com cenoura e ameixa
(sem glúten)

1 cenoura pequena

1 ameixa seca ou 1 figo seco

3 colheres (sopa) de farinha ou de flocos de quinoa

1 xícara de água (250 ml)

1 pau de canela

1 tirinha de casca de limão

leite do bebê (materno ou fórmula) para diluir

1. Rale finamente a cenoura e pique a ameixa.

2. Em uma panela, dissolva a farinha de quinoa na água; junte a cenoura, a ameixa, o pau de canela e a casca de limão; tampe e cozinhe em fogo brando por cerca de 10 minutos, mexendo sempre. Se necessário, adicione um pouco mais de água. Retire do fogo, separe o pau de canela e a casca de limão, e triture se quiser que fique homogêneo.

3. Antes de servir, dilua o mingau com um pouco do leite (cerca de 90 ml), para obter uma consistência cremosa. Não ferva o mingau depois de adicionar o leite do bebê nem guarde o que sobrar.

 Rico em carboidratos, fibras, proteínas, ferro, magnésio, zinco, fósforo e vitaminas C e do complexo B

+ 5-6 meses
20 minutos
1-2 porções

Mingau de quinoa com maçã e abacate
(sem glúten)

1. Lave a quinoa e escorra (é mais fácil se usar uma peneira).

2. Em uma panela, coloque a quinoa, a água, o pau de canela e a casca de limão (se for usar) e cozinhe em fogo brando com a panela tampada por cerca de 18 minutos. Na metade do tempo, junte a maçã ralada ou cortada em pedacinhos. Retire do fogo e separe o pau de canela e a casca de limão.

3. Amasse a polpa do abacate (se for usar) com um garfo e misture ao mingau.

4. Antes de servir, dilua o mingau com um pouco do leite (cerca de 90 ml), para obter uma consistência cremosa. Não ferva o mingau depois de adicionar o leite do bebê nem guarde o que sobrar.

Nota: Demolhe a quinoa em um recipiente com água por 8 horas ou use quinoa previamente cozida.

3 colheres (sopa) de quinoa (grãos)

1 xícara de água (250 ml)

1 pau de canela

1 tirinha de casca de limão (+ 7 meses)

1 maçã madura

½ abacate maduro (+ 6 meses)

leite do bebê (materno ou fórmula) para diluir

Rico em proteínas, ferro, magnésio, zinco, fósforo, carboidratos, fibras, vitaminas A e do complexo B e ômegas-3 e 6

+ 9 meses
5 minutos
Demolha: 2 horas
1-2 porções

Mingau de aveia crua

1. Demolhe a aveia em flocos por, pelo menos, 2 horas e escorra o excesso de água.

2. Coloque no processador a aveia e os ingredientes restantes. Triture até obter um creme aveludado e sirva em seguida.

Se quiser, adicione pedacinhos de fruta fresca por cima.

4 colheres (sopa) de aveia em flocos finos

1 banana madura

1 maçã ou ½ fatia de melão

½ xícara de água ou de leite vegetal caseiro (125 ml) ou 1 pote de iogurte natural de soja

1 colher (café) de canela em pó

1 colher (café) de sementes de chia ou de linhaça moídas

+ 8 meses
15 minutos
1 porção

Rico em proteínas, ferro, cálcio, magnésio, zinco, fósforo, carboidratos, fibras e ômegas-3 e 6

Mingau de aveia com alfarroba

1 banana madura

½ colher (sopa) de farinha de alfarroba

1 xícara de água ou de leite vegetal caseiro (250 ml)

4 colheres (sopa) de aveia em flocos finos

½ colher (café) de canela em pó

1 pau de canela

1 tirinha de casca de limão

1 colher (café) de sementes de chia

leite do bebê (materno ou fórmula) para diluir

1. Amasse a banana com um garfo.

2. Em uma panela, dissolva a farinha de alfarroba na água (ou no leite vegetal), junte a aveia, a canela em pó, o pau de canela, a casca de limão, a banana e as sementes de chia. Cozinhe em fogo brando por cerca de 10 minutos, mexendo sempre. Retire do fogo e separe o pau de canela e a casca de limão.

3. Antes de servir, dilua o mingau com um pouco do leite (cerca de 60 a 90 ml), se necessário. Não ferva o mingau depois de adicionar o leite do bebê nem guarde o que sobrar.

+ 9 meses
15 minutos
1 porção

⭐ Rico em proteínas, ferro, magnésio, zinco, fósforo, carboidratos, fibras, vitamina C, antioxidantes e ômegas-3 e 6

Mingau de aveia com framboesa e açaí

1 banana bem madura

6 framboesas

1 colher (café) de açaí em pó (opcional)

4 colheres (sopa) de aveia em flocos finos

½ colher (café) de canela em pó

1 pau de canela

1 tirinha de casca de limão

1 xícara de água (250 ml)

leite do bebê (materno ou fórmula) para diluir

1. Amasse a banana com um garfo; pique as framboesas.

2. Em uma panela, coloque a banana, as framboesas, o açaí (se for usar), a aveia, a canela em pó, o pau de canela, a casca de limão e a água, e cozinhe em fogo brando por cerca de 10 minutos, mexendo sempre. Retire do fogo e separe o pau de canela e a casca de limão.

3. Antes de servir, dilua o mingau com um pouco do leite (cerca de 60 a 90 ml), se necessário. Não ferva o mingau depois de adicionar o leite do bebê nem guarde o que sobrar.

Nota: Se quiser, prepare o mingau de aveia com leite caseiro. A partir dos 12 meses, pode-se juntar morangos picados.

Rico em proteínas, magnésio, manganês, zinco, fósforo e vitaminas do complexo B

Leite de aveia

1. Coloque a aveia em um recipiente com água e demolhe por, pelo menos, 2 horas; escorra o excesso de água.

2. Bata no liquidificador a aveia, as tâmaras (descaroçadas), a água e a pedra de sal (se for usar), na velocidade máxima, durante 2 minutos. Coe o leite usando um coador de trama fina ou um pano limpo, pressionando o resíduo. Conserve na geladeira por até 3 dias.

1 xícara de aveia em flocos

2 tâmaras secas

3 a 4 xícaras de água mineral

1 pedra de sal marinho (+ 12 meses)

Nota: Se o bebê tiver menos de 12 meses, use água mineral fervida e resfriada sempre que fizer leites caseiros, exceto se o leite se destinar a preparados que vão ao fogo. Os leites vegetais podem ser aromatizados com um pau de canela ou uma vagem de baunilha.

 Rico em cálcio, proteínas, ferro e vitaminas do complexo B

Leite de quinoa

2 colheres (sopa) de quinoa (grãos)

1 tâmara natural

1 maçã pequena madura

2 xícaras de água mineral

1. Coloque a quinoa em um recipiente com água e demolhe por 8 horas. Escorra em uma peneira e lave em água corrente.

2. Bata no liquidificador a quinoa com a tâmara (descaroçada), a maçã (descascada e descaroçada) e 1 xícara de água, na velocidade máxima, durante 1 minuto. Acrescente a outra xícara de água e volte a bater. Coe o leite usando um coador de trama fina ou um pano limpo, pressionando o resíduo. Conserve na geladeira por até 3 dias.

Nota: Se o bebê tiver menos de 12 meses, use água mineral fervida e resfriada sempre que fizer leites caseiros, exceto se o leite se destinar a preparados que vão ao fogo. Os leites vegetais podem ser aromatizados com um pau de canela ou uma vagem de baunilha.

Use os leites vegetais caseiros para preparar mingaus e vitaminas, mas não os use como substitutos do leite do bebê.

Rico em proteínas, fibras, ferro, fósforo e magnésio

+ 6 meses
5 minutos
Demolha: 12 horas
1 litro

Leite de arroz com maçã

1. Coloque o arroz integral em um recipiente com água e demolhe durante 12 horas. Escorra em uma peneira e lave em água corrente.

2. Em uma panela com tampa, leve o arroz ao fogo com 2 xícaras de água mineral e a pedra de sal (se for usar). Apague o fogo antes de começar a ferver e deixe abafado por meia hora.

3. Bata no liquidificador o arroz, as tâmaras (descaroçadas) e a maçã (descascada e descaroçada) durante 2 minutos, na velocidade máxima. Acrescente as 2 xícaras de água restantes e volte a bater. Coe o leite, pressionando o resíduo com uma colher. Conserve na geladeira por até 3 dias.

½ xícara de arroz integral

4 xícaras de água mineral

1 pedra de sal marinho (+ 12 meses)

2 tâmaras secas

1 maçã pequena madura

+ 10 meses
5 minutos
Demolha: 8 horas
1 litro

Rico em proteínas, cálcio, ferro, potássio, magnésio, zinco e vitamina B6

Leite de amêndoa enriquecido

½ xícara de amêndoas com pele

1 colher (sopa) de sementes de abóbora ou de girassol

2 tâmaras secas

3 ou 4 xícaras de água mineral

1. Coloque as amêndoas e as sementes em um recipiente com água e demolhe durante 8 horas. Escorra em uma peneira e lave em água corrente.

2. Bata no liquidificador as amêndoas, as sementes e as tâmaras (descaroçadas) com 1 xícara de água, na velocidade máxima, durante 2 minutos; adicione a água restante e volte a bater. Coe o leite usando um coador de tecido ou um pano limpo, pressionando o resíduo. Conserve na geladeira por até 3 dias.

+ 10 meses
30 minutos
Demolha: 20 minutos
1 litro

⭐ Rico em proteínas, cálcio, ferro, potássio, magnésio, zinco e vitamina B6

Leite de coco natural

1 coco seco

3 a 4 xícaras de água mineral

1. Fure dois dos pontos na extremidade do coco (use prego e martelo ou um saca-rolhas) e alargue os orifícios para facilitar a saída do líquido; passe a água do coco para um copo e reserve.

2. Mergulhe o coco em água fervente por 10 minutos para amolecer a casca. Você também pode colocar o coco dentro do forno preaquecido a 200 °C por cerca de 15 minutos ou até a casca começar a rachar. Dê uma batida na casca, abra o coco e desprenda a parte rija. Com uma faca ou um descascador, tire a casca fina agarrada à polpa do coco.

3. Coloque a polpa no processador e triture para obter coco ralado. Ponha 2 xícaras do coco ralado em um recipiente grande e misture 2 xícaras de água mineral quente; deixe repousar por 20 minutos.

4. Bata essa mistura no liquidificador por 2 minutos; junte as 2 xícaras de água mineral restantes e volte a bater. Coe o leite, usando um coador de tecido ou um pano limpo, pressionando o resíduo. Se quiser, misture a água de coco reservada. Conserve na geladeira por até 3 dias.

+ 9 meses
10 minutos
Fermentação: 8 horas
8 porções

Rico em cálcio, proteínas e probióticos

Iogurte natural de soja

1 litro de leite de soja natural (sem açúcar)

1 colher (chá) de ágar-ágar em flocos ou ½ colher (chá) de ágar-ágar em pó

¼ de xícara de água

1 iogurte de soja natural (sem açúcar) ou 1 embalagem de fermento para iogurte (25 g de cultura de probióticos)

1. Em uma panela média, ferva o leite por 2 minutos e deixe esfriar até 45 °C. Se não tiver um termômetro culinário, mergulhe um dedo no leite quente e conte até dez: se suportar a temperatura, está no ponto certo. Reserve.

2. À parte, misture o ágar-ágar com ¼ de xícara de água e leve ao fogo brando por 3 minutos, até ficar bem dissolvido e translúcido. Adicione de imediato a mistura ao leite quente.

3. Junte o iogurte ou o fermento na panela e misture bem. Remova a espuma, se for abundante. Coloque o líquido em copinhos ou frascos de vidro esterilizados e mexa para o ágar-ágar não assentar no fundo. Feche os frascos com as tampas ou filme de PVC.

4. Coloque na iogurteira por 8 horas para fermentar. Se não tiver uma iogurteira, deixe os copos dentro do forno com a luz acesa (ela mantém uma temperatura constante de 40 °C) durante o mesmo período. Conserve na geladeira por até 4 dias.

Nota: É importante esterilizar os recipientes que serão usados para guardar o iogurte. Faça isso submergindo os copos ou frascos em água fervente. Utilize colheres de plástico para misturar o fermento ou o iogurte. Se usar fermento para iogurte, verifique a quantidade recomendada pelo fabricante. O iogurte produzido em casa pode ser utilizado para nova cultura (4 colheres (sopa) para 1 litro de leite), repetindo-se o processo até seis vezes. A alga ágar-ágar ajuda a dar consistência ao iogurte.

⭐ Rico em cálcio, proteínas, magnésio, fósforo, zinco e probióticos

+ 10 meses
10 minutos
Demolha: 8 horas
Fermentação: 8 horas
2-3 porções

Iogurte natural de amêndoa

1. Coloque as amêndoas em um recipiente com água e demolhe durante, pelo menos, 8 horas. E escorra em uma peneira, lave em água corrente e tire a pele das amêndoas.

2. Bata no liquidificador as amêndoas com a água mineral, na velocidade máxima, por 3 minutos.

3. Coloque a mistura em uma panela e leve ao fogo para ferver por 2 minutos. Tire do fogo e deixe esfriar até 45 °C. Se não tiver um termômetro culinário, mergulhe um dedo no leite quente e conte até dez: se suportar a temperatura, está no ponto certo.

4. Adicione o fermento ou o iogurte e misture bem.

5. Passe o líquido para copinhos ou frascos de vidro esterilizados. Feche os frascos com as tampas ou filme de PVC. Coloque na iogurteira por 8 horas para fermentar. Se não tiver uma iogurteira, deixe os copos dentro do forno com a luz acesa (ela mantém uma temperatura constante de 40 °C) durante o mesmo período. Conserve na geladeira por até 4 dias.

Nota: Se for usar fermento para iogurte, verifique a quantidade recomendada pelo fabricante tendo em conta o volume obtido. Para esterilizar os frascos, ver nota na p. 103.

½ xícara de amêndoas com pele

1 xícara de água mineral

½ embalagem de fermento para iogurte (cultura de probióticos) ou 2 colheres (sopa) de iogurte natural de soja (sem açúcar)

Queremos servir refeições saborosas, atrativas e completas em nutrientes, de preferência rápidas de preparar e que sejam do agrado dos pequenos. Em vez de carne ou peixe, podemos utilizar diferentes fontes de proteínas de origem vegetal — como as leguminosas, o tofu, o tempeh, o seitan ou as frutas secas.

Algumas sugestões:

- Não adicione sal, molho de soja ou gersa (contêm sódio) à comida do bebê até os 12 meses.
- Adquira um bom molho de soja (sem adição de açúcar) para temperar o tofu e o seitan a partir dos 12 meses; não é necessário usar sal, basta salpicar com o molho de soja e as especiarias sugeridas.
- Use sempre tofu, seitan e tempeh frescos de boa qualidade, refrigerados e embalados a vácuo. Você também pode fazer tofu e seitan caseiros.
- Depois de abrir as embalagens, conserve o tofu e o seitan em um recipiente com água na geladeira, por até 5 dias (a água deve ser renovada diariamente ou de 2 em 2 dias). O seitan também pode ser congelado (o tofu perde a textura, por isso não é recomendado congelá-lo).
- O tempeh fresco, após a abertura da embalagem, pode ser conservado na geladeira por 1 dia ou congelado por até 3 meses. O tempeh pode ser comprado já congelado.
- Procure ter leguminosas já cozidas, prontas para utilizar. Você pode cozinhar vários tipos de feijão e grão-de-bico e congelá-los em porções. Há pequenos truques para melhorar o processo do cozimento: 1) Lavar os grãos, demolhar por cerca de 8 a 10 horas e eliminar a água da demolha; 2) Cozinhar em água limpa e retirar a espuma que se forma na superfície; 3) Colocar na panela uma tira de alga kombu ou uma lasca de gengibre (sem casca) e cozinhar durante o tempo recomendado; 4) Adicionar o sal (opcional) depois de apagar o fogo, deixar esfriar e guardar na geladeira ou no congelador.
- Não ofereça alimentos fritos aos bebês e a crianças de pouca idade. Sugiro preparar no forno receitas como palitos de batata-doce, bolinhos, quibe e croquetes.

PRATOS PRINCIPAIS

⭐ Rico em proteínas, cálcio, ferro, zinco e magnésio

+ 9 meses
8 minutos
3 porções

Tofu salteado

1. Corte o tofu em cubinhos. Coloque em uma frigideira e tempere com o azeite, o alho em pó, a páprica doce, a cúrcuma e o manjericão. Salpique com um pouco de molho de soja (se for usar).

2. Cozinhe em fogo brando por cerca de 5 minutos, mexendo para o tofu absorver o tempero. Sirva com uva-passa e goji finamente picados (a partir dos 12 meses).

150 g de tofu fresco

um fio de azeite

alho em pó, páprica doce, cúrcuma e manjericão a gosto

molho de soja a gosto (+ 12 meses)

uva-passa e goji berry (+ 12 meses)

+ 10 meses
15 minutos
4 porções

⭐ Rico em proteínas, cálcio, ferro, zinco, caroteno, vitaminas A e do complexo B e ômega-6

Mexido de tofu com abóbora e alho-poró

½ talo de alho-poró

½ fatia de abóbora

200 g de tofu fresco

páprica doce, cúrcuma, manjericão e tomilho a gosto

2 colheres (chá) de levedura nutricional ou de levedura de cerveja (opcional)

2 colheres (sopa) de salsinha picada

sal a gosto (+ 12 meses)

azeite a gosto

1. Corte o alho-poró à juliana; rale a abóbora e o tofu.

2. Em uma frigideira, salteie o alho-poró e a abóbora com um fio de azeite até murcharem. Junte o tofu e mais um fio de azeite e tempere com um pouco de sal (se for usar), páprica doce, cúrcuma, manjericão e tomilho. Cozinhe por cerca de 5 minutos, mexendo; apague o fogo e junte a levedura (se for usar) e a salsinha, envolvendo bem.

+ 10 meses
10 minutos
3 porções

Rico em proteínas, cálcio, ferro, zinco e magnésio

Bifinhos de tofu com cúrcuma e molho de castanha-de-caju

150 g de tofu fresco

um fio de azeite

alho em pó, páprica doce, manjericão e cúrcuma a gosto

molho de soja a gosto (opcional, + 12 meses)

MOLHO:

2 colheres (sopa) de castanha-de-caju sem sal

2 colheres (sopa) de creme de aveia ou de leite vegetal

uma pitada de cúrcuma

½ dente de alho

uma pitada de sal (+ 12 meses)

cebolinha a gosto

1. Corte o tofu em fatias finas. Coloque-as em uma frigideira e tempere com o azeite, o alho em pó, a páprica doce, o manjericão e a cúrcuma; salpique com um pouco de molho de soja (se for usar). Refogue em fogo brando por cerca de 5 minutos, virando as fatias.

2. Em um processador, triture as castanhas e junte o creme de aveia até ficar cremoso; junte a cúrcuma, o alho e o sal (se for usar) e volte a triturar. Coloque o molho por cima do tofu, deixe levantar fervura e apague o fogo. Sirva com cebolinha picada.

Rico em proteínas, vitaminas A, C e do complexo B, ferro, fósforo e zinco

 + 10 meses
 25 minutos
 4 porções

Ensopado de favas com tofu

1. Cozinhe as favas com 1 raminho de coentro e um pouco de sal (se for usar) até ficarem tenras; escorra e remova as cascas.

2. Retire as peles e pique o tomate e o alho finamente; corte a berinjela em cubinhos.

3. Leve ao fogo uma panela com um fio de azeite e salteie o alho e o tomate até desmanchar. Junte a berinjela e tempere com sal (se for usar), manjericão e orégano. Tampe e cozinhe por 10 minutos ou até a berinjela ficar macia; adicione as favas cozidas e, se necessário, um pouco de água. No final, misture o tofu salteado e o coentro picado restante. Regue com um fio de azeite e sirva com massinhas integrais, arroz integral ou milhete.

1 xícara de favas (frescas ou congeladas)

2 raminhos de coentro

1 tomate maduro ou ½ xícara de molho de tomate

1 dente de alho

½ berinjela pequena

manjericão e orégano a gosto

½ xícara de tofu salteado (p. 110)

sal a gosto (+ 12 meses)

azeite a gosto

+ 10 meses
25 minutos
4 porções

Rico em proteínas, caroteno, vitamina A, ferro, fósforo, zinco e ômega-6

Jardineira de tofu com batata-doce

1 cebola

2 dentes de alho

1 tomate maduro

1 cenoura

2 batatas-doces

½ xícara de vagem

½ xícara de ervilhas congeladas

2 raminhos de coentro

1 folha de louro

1 xícara de tofu salteado (p. 110)

páprica doce e manjericão em pó a gosto

sal a gosto (+ 12 meses)

azeite a gosto

1. Pique a cebola, o alho e o tomate finamente; corte a cenoura em rodelas finas e a batata-doce em cubinhos; corte a vagem em pedacinhos.

2. Em uma panela, com um fio de azeite, refogue a cebola e o alho; junte o tomate e a cenoura e salteie por 3 minutos ou até ficarem macios. Adicione a batata-doce, as ervilhas, a vagem, 1 raminho de coentro e a folha de louro. Acrescente 1 xícara de água e tempere com páprica doce, manjericão em pó e um pouco de sal (se for usar). Tampe e cozinhe por cerca de 15 minutos. No final, misture o tofu salteado e o coentro picado restante e regue com um fio de azeite. Sirva quente.

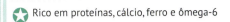

⭐ Rico em proteínas, cálcio, ferro e ômega-6

Seitan salteado com manjericão

150 g de seitan fresco

um fio de azeite

alho em pó, páprica doce e cebolinha desidratada a gosto

molho de soja a gosto (+ 12 meses)

2 folhas de manjericão fresco

1. Corte o seitan em cubinhos. Coloque-o em uma frigideira e tempere com o azeite, o alho em pó, a páprica doce e a cebolinha desidratada; regue com um pouco de molho de soja (se for usar). Pique as folhas de manjericão e misture.

2. Salteie em fogo brando por cerca de 10 minutos, mexendo para o seitan absorver o tempero.

 Rico em proteínas, cálcio, ferro, zinco, vitamina C, caroteno e ômega-6

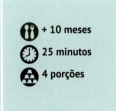

Ensopado de ervilha com seitan

1. Retire as peles e pique o tomate; amasse o alho e corte a cenoura em rodelas finas.

2. Coloque um fio de azeite em uma panela e refogue o tomate e o alho; junte 1 raminho de coentro e a cenoura e cozinhe até amaciar. Adicione 1 xícara de água e as ervilhas; tempere com a páprica doce, o manjericão em pó e um pouco de sal. Tampe e cozinhe por cerca de 10 a 15 minutos. Misture o seitan salteado com o coentro picado restante. Sirva com arroz, polenta ou milhete.

2 tomates maduros

1 dente de alho

1 cenoura

2 raminhos de coentro

1 xícara de ervilhas congeladas

páprica doce e manjericão a gosto

1 xícara de seitan salteado (receita acima)

azeite e sal a gosto

115

⭐ Rico em proteínas, ferro, zinco, fósforo, cálcio e ômega-6

+ 10 meses
15 minutos
3-4 porções

Tempeh com creme e espinafre

1. Cozinhe o tempeh (inteiro) em água fervente por 5 minutos e escorra-o.

2. Corte o tempeh em cubinhos. Coloque-o em uma frigideira e tempere com um fio de azeite, o alho em pó, a páprica doce, a cúrcuma e a cebolinha desidratada; regue com um pouco de molho de soja (se for usar). Salteie o tempeh em fogo brando por 5 minutos.

3. Junte o creme de soja, as folhas de espinafre picadas e algumas gotas de suco de limão. Cozinhe por mais 3 minutos, mexa e desligue o fogo. Sirva com um cereal ou purê de batata-doce.

150 g de tempeh

alho em pó, páprica doce, cúrcuma e cebolinha desidratada a gosto

molho de soja a gosto (+ 12 meses)

½ caixinha de creme de soja ou de aveia

1 punhado de folhas de espinafre

azeite e suco de limão a gosto

+ 10 meses
10 minutos
3-4 porções

⭐ Rico em proteínas, ferro, zinco, fósforo, cálcio, vitamina C e ômegas-3 e 6

Saladinha de feijão-fradinho, manga e tempeh

1 xícara de feijão-fradinho cozido (sem sal)

½ abacate maduro

½ manga madura

4 tomates cereja

2 raminhos de salsinha ou coentro

½ xícara de tempeh com creme e espinafre (acima; opcional)

azeite e suco de limão a gosto

1. Escorra o feijão-fradinho cozido. Corte o abacate e a manga em cubinhos e o tomate cereja em quatro; pique finamente a salsinha.

2. Coloque o feijão, o abacate, a manga, o tomate, a salsinha e, se for usar, o tempeh salteado (para preparar o tempeh, siga os passos 1 e 2 da receita acima) em um recipiente. Tempere com um fio de azeite e suco de limão e misture bem.

Nota: Se o bebê preferir uma textura mais pastosa, amasse com um garfo ou triture grosseiramente no processador com um pouco de água. O azeite pode ser substituído por um óleo rico em ômega-3.

O tempeh é um alimento proteico completo, de alto valor nutritivo, e rico em ferro.

★ Rico em proteínas, ferro, magnésio, zinco, vitamina A, carboidratos e ômega-6

+ 9 meses
25 minutos
4 porções

Macarrão de feijão-vermelho

1. Escorra o feijão cozido (se usar feijão em conserva, passe-o primeiro por água corrente). Pique a cebola, o alho e o tomate; corte a cenoura e a mandioquinha (se for usar) em rodelas finas.

2. Coloque um fio de azeite em uma panela e refogue a cebola e o alho; junte o tomate, a cenoura e a mandioquinha e cozinhe por alguns minutos, até ficarem macios. Adicione 3 xícaras de água, o feijão, o pimentão, o milho, o coentro picado, o cominho e o sal (se for usar). Quando ferver, junte o macarrão e cozinhe por cerca de 10 a 12 minutos.

1 xícara de feijão-vermelho cozido (sem sal)

1 cebola

1 dente de alho

1 tomate maduro

1 cenoura

1 mandioquinha (opcional)

1 tira de pimentão amarelo ou vermelho

2 colheres (sopa) de milho congelado

1 raminho de coentro

uma pitada de cominho em pó (opcional)

1 xícara de macarrão sem glúten ou integral

sal a gosto (+ 12 meses)

azeite a gosto

+ 10 meses
25 minutos
4 porções

Rico em proteínas, ferro, magnésio, zinco, vitaminas A e C, carboidratos e ômega-6

Rigatoni com cogumelos

1 xícara de grão-de-bico cozido (sem sal)

1 cebola

1 dente de alho

1 tomate maduro

½ talo de aipo (opcional)

1 cenoura

1 folha de couve

2 cogumelos pleurotus

2 raminhos de coentro

1 folha de louro

uma pitada de páprica doce

½ xícara de rigatoni integral

sal a gosto (+ 12 meses)

azeite a gosto

1. Escorra o grão-de-bico cozido (se for usar grão em conserva, passe-o primeiro por água corrente). Pique a cebola, o alho, o tomate, o aipo (se for usar) e a cenoura; corte a couve e os cogumelos em tirinhas.

2. Em uma panela com um fio de azeite, refogue a cebola e o alho; junte o tomate, o aipo (se for usar), a cenoura e a couve, e cozinhe até ficarem macios. Acrescente o cogumelo e mexa bem. Adicione 2 xícaras de água, o grão-de-bico, um raminho de coentro, a folha de louro, a páprica doce e o sal (se for usar). Quando ferver, junte a massa e cozinhe por cerca de 10 a 12 minutos. Retire a folha de louro, e junte o coentro restante picado e mais um fio de azeite.

Nota: Para crianças crescidas (mais de 4 anos), junte fatias de linguiça vegetal.

Rico em proteínas, ferro, zinco, magnésio, cálcio, vitamina C, carboidratos e ômega-6

+ 24 meses
50 minutos
8 porções

Canelone de legumes com amêndoa e pignoli

1. Cozinhe os canelones em água abundante com sal por cerca de 4 minutos; retire e pincele com azeite, para evitar que colem, e reserve.

2. Pique finamente a cebola e o alho; pique a berinjela e a abobrinha; rale a cenoura.

3. Em uma frigideira com um fio de azeite, salteie o alho e a cebola até ficar translúcida. Junte a berinjela, a abobrinha, a cenoura e as ervilhas; cozinhe até murcharem. Tempere com sal, páprica doce, manjericão, tomilho e pimenta-do-reino.

4. Prepare o molho de tomate: retire as peles e pique o tomate e o alho. Em uma panela com um fio de azeite, refogue o tomate, o alho, a folha de louro e o manjericão por cerca de 20 minutos; tempere com sal e orégano; retire a folha de louro e triture o molho.

5. Para o bechamel, coloque em uma panela metade do leite e dissolva a farinha com um fouet. Junte o leite restante e um pouco de sal e leve ao fogo até engrossar, sem parar de mexer; junte o azeite e tempere com noz-moscada e páprica doce.

6. Adicione 1 colherada do molho bechamel e outra do molho de tomate aos legumes salteados; junte a linhaça, a amêndoa ralada e metade dos pignoli, misturando bem. Recheie os canelones, um a um, com essa mistura.

7. Coloque o bechamel restante no fundo de uma assadeira ou de refratários individuais; disponha os canelones e cubra com o molho de tomate. Polvilhe com manjericão, noz-moscada, orégano e os pignoli restantes. Leve ao forno preaquecido a 200 °C por cerca de 25 minutos ou até dourar.

½ embalagem de massa para canelone de espinafre

1 cebola e 2 dentes de alho

1 berinjela

1 abobrinha

1 cenoura

½ xícara de ervilhas congeladas

azeite, sal, páprica doce, manjericão, tomilho e pimenta-do-reino a gosto

1 colher (sopa) de linhaça moída

4 colheres (sopa) de amêndoa ralada

4 colheres (sopa) de pignoli

MOLHO DE TOMATE

800 g de tomates maduros

2 dentes de alho

1 folha de louro

1 ramo de manjericão

azeite, sal e orégano a gosto

BECHAMEL

600 ml de leite de soja ou de aveia sem açúcar

4 colheres (sopa) de farinha de espelta, de aveia ou de trigo

1 colher (sopa) de azeite ou 2 colheres (sopa) de manteiga vegetal

sal, noz-moscada e páprica doce a gosto

- +24 meses
- 50 minutos
- 8 porções

Rico em proteínas, ferro, vitaminas A, C e do complexo B, carboidratos e ômega-6

Lasanha de tofu e espinafre

10 folhas de massa de lasanha

250 g de espinafre

250 g de cogumelos

250 g de tofu fresco

1 cebola

2 dentes de alho

azeite, sal, páprica doce, manjericão, tomilho, orégano e pimenta-do-reino a gosto

MOLHO DE TOMATE

1 kg de tomates maduros

2 dentes de alho

1 folha de louro

1 ramo de manjericão

azeite, sal e orégano a gosto

BECHAMEL

600 ml de leite de soja ou de aveia sem açúcar

4 colheres (sopa) de farinha de espelta, de aveia ou de trigo

1 colher (sopa) de azeite ou 2 colheres (sopa) de manteiga vegetal

sal, noz-moscada e páprica doce a gosto

1. Cozinhe as folhas de massa em água abundante com sal por cerca de 6 minutos; retire e pincele com azeite, uma a uma, para evitar que colem; reserve.

2. Escalde o espinafre em água fervente e pique-o finamente; corte os cogumelos em lâminas e amasse o tofu com um garfo ou passe por um ralador grosso; pique a cebola e o alho.

3. Em uma frigideira com um fio de azeite, refogue a cebola e o alho; junte os cogumelos e cozinhe até murcharem. Adicione o tofu e o espinafre e tempere com sal, páprica doce, manjericão, tomilho, orégano e pimenta-do-reino.

4. Prepare o molho de tomate: retire as peles e pique o tomate e o alho; em uma panela com um fio de azeite, refogue o tomate, o alho, a folha de louro e o manjericão por cerca de 20 minutos; tempere com sal e orégano; retire a folha de louro e triture o molho.

5. Para preparar o bechamel, coloque em uma panela metade do leite e dissolva a farinha com um fouet. Junte o leite restante, um pouco de sal e leve ao fogo até engrossar, sem parar de mexer; misture o azeite e tempere com noz-moscada e páprica doce.

6. Monte a lasanha, dispondo os ingredientes por camadas: no fundo de um refratário, coloque duas colheradas do molho bechamel, disponha as placas de massa, a mistura de tofu e o molho de tomate. Repita a operação e termine com uma camada de massa, molho bechamel e molho de tomate; polvilhe o topo com orégano e noz-moscada.

7. Leve ao forno preaquecido a 200 °C por cerca de 30 minutos ou até dourar. Pode ser congelado, antes ou depois de ir ao forno.

- +12 meses
- 50 minutos
- 8 porções

⭐ Rico em proteínas, ferro, cálcio, vitaminas A e do complexo B e ômega-6

Gratinado de tofu

500 g de batata

500 g de batata-doce

250 g de tofu fresco

1 cebola grande

1 talo de alho-poró

sal, azeite, páprica doce, manjericão, orégano e pimenta-do-reino a gosto

2 colheres (chá) de levedura nutricional ou de levedura de cerveja (opcional)

2 raminhos de coentro ou cebolinha

BECHAMEL

600 ml leite de soja ou de aveia sem açúcar

4 colheres (sopa) de farinha de espelta, de aveia ou de trigo

1 colher (sopa) de azeite ou 2 colheres (sopa) de manteiga vegetal

sal, noz-moscada e páprica doce a gosto

1. Descasque e corte as batatas em cubinhos. Leve ao fogo para cozinhar com um pouco de sal até ficarem macias. Escorra e reserve.

2. Rale o tofu em um ralador grosso ou amasse com as mãos. Corte a cebola em tirinhas e o alho-poró à juliana.

3. Em uma frigideira com um fio de azeite, refogue a cebola até ficar translúcida; junte o alho-poró e o tofu e tempere com sal, páprica doce, manjericão, orégano e pimenta-do-reino. Cozinhe por cerca de 10 minutos; no final, junte a levedura (se for usar) e o coentro picado.

4. Prepare o bechamel: coloque metade do leite em uma panela e dissolva a farinha com um fouet. Junte o leite restante, um pouco de sal e leve ao fogo até engrossar, sem parar de mexer; misture o azeite e tempere com noz-moscada e páprica doce.

5. No fundo de um refratário, coloque 2 colheradas do molho bechamel, disponha a batata cozida e, por cima dela, a mistura do tofu; cubra com o restante molho e polvilhe com orégano e páprica doce. Leve ao forno preaquecido a 200 °C por cerca de 30 a 40 minutos ou até dourar.

Rico em proteínas, ferro, zinco, fósforo, ácido fólico e ômega-6

Lentilha com batata-doce e leite de coco

1. Lave as lentilhas, deixe demolhar por 1 hora e escorra.

2. Pique a cebola, o alho, o tomate e o pimentão; corte a batata-doce em cubinhos.

3. Em uma panela com um fio de azeite, refogue a cebola e o alho; junte o tomate e deixe cozinhar até desmanchar. Triture a mistura se quiser uma consistência mais cremosa. Adicione 1 xícara de água, as lentilhas escorridas, a batata-doce, o pimentão, o coentro, a cúrcuma, o cominho e um pouco de sal (se for usar). Tampe e deixe cozinhar por cerca de 20 a 25 minutos; no final, misture o leite de coco. Sirva com brócolis cozidos e cubinhos de abacate.

½ xícara de lentilhas castanhas
1 cebola pequena
2 dentes de alho
1 tomate maduro
1 tira de pimentão vermelho
2 batatas-doces
2 raminhos de coentro
azeite, cúrcuma e cominho em pó a gosto
½ lata de leite de coco
sal a gosto (+ 12 meses)

Rico em proteínas, ferro, zinco, fósforo, vitaminas A e do complexo B, ácido fólico, carboidratos e ômega-6

Empadão de lentilha e espinafre

½ xícara de lentilhas

1 cebola pequena

2 dentes de alho

1 tomate maduro, 1 cenoura, 1 tira de pimentão vermelho e 4 cogumelos

2 raminhos de coentro

cúrcuma e cominho em pó a gosto

1 xícara de folhas tenras de espinafre

3 xícaras de polenta cozida (p. 148) ou purê de batata

sal e azeite a gosto

1. Demolhe as lentilhas por 1 hora e escorra; em seguida cozinhe-as até ficarem macias (se quiser, junte 1 tira de alga kombu).

2. Pique a cebola, o alho, o tomate, a cenoura e o pimentão; corte os cogumelos em lâminas.

3. Em uma panela com um fio de azeite, refogue a cebola e o alho; junte o tomate e a cenoura e cozinhe até ficarem macios. Adicione os cogumelos, o pimentão e o coentro e salteie. Misture as lentilhas cozidas e tempere com cúrcuma, cominho e sal (para bebês a partir de 12 meses).

4. No fundo de um refratário, coloque metade da polenta cozida; cubra com as folhas de espinafre e as lentilhas e finalize com a polenta restante. Leve ao forno preaquecido a 200 °C por cerca de 20 minutos ou até dourar.

Rico em proteínas, cálcio, ferro, zinco, fósforo, ácido fólico e ômegas-3 e 6

+ 10 meses
35 minutos
12 unidades

Bolinhas de lentilha
(sem glúten)

1. Cozinhe as lentilhas com 1 xícara de água por 5 minutos ou até absorver por completo a água; deixe repousar. Amasse a batata-doce cozida com um garfo ou um amassador.

2. Em uma tigela, misture as lentilhas, a batata, a linhaça, a farinha, a cebola, o coentro, o sal (se for usar) e uma pitada de cúrcuma e de orégano. Deve ficar uma pasta consistente e moldável.

3. Umedeça a palma de uma mão com azeite; retire porções de massa e faça bolinhas. Envolva com o gergelim ou a farinha de arroz e coloque em uma assadeira forrada com papel vegetal. Leve ao forno preaquecido a 200 °C por cerca de 15 minutos. Pode ser congelado.

½ xícara de lentilhas vermelhas

1 batata-doce cozida (200 g)

1 colher (sopa) de linhaça moída

1 a 2 colheres (sopa) de cebola picada

2 colheres (sopa) de coentro ou de salsinha picada

sal fino a gosto (+ 12 meses)

cúrcuma e orégano ou cominho em pó a gosto

sementes de gergelim ou farinha de arroz, para envolver

+ 10 meses
40 minutos
14 unidades

Rico em proteínas, ferro, cálcio, vitaminas A e do complexo B e ômegas-3 e 6

Bolinhas de grão-de-bico e ervilha
(sem glúten)

1 xícara de grão-de-bico cozido (sem sal)

1 xícara de ervilhas cozidas (sem sal)

1 batata-doce cozida (200 g)

2 colheres (sopa) de cebola picada

2 colheres (sopa) de salsinha picada

1 colher (sopa) de cebolinha picada

sal fino a gosto
(+ 12 meses)

cúrcuma, páprica doce e manjericão a gosto

1 colher (sopa) de linhaça moída

6 colheres (sopa) de farinha de arroz integral

azeite a gosto

1. Escorra bem o grão-de-bico (se usar grão-de-bico em conserva, passe-o primeiro por água corrente) e as ervilhas cozidas.

2. Em um recipiente, misture o grão-de-bico, as ervilhas, a batata, a cebola, a salsinha, a cebolinha, o sal (se for usar), a cúrcuma, a páprica doce e o manjericão; triture grosseiramente com o mixer e verifique o tempero. Misture a linhaça e a farinha e envolva bem. Deve ficar uma pasta consistente e moldável.

3. Umedeça a palma de uma mão com azeite; retire porções de massa e faça bolinhas. Coloque em uma assadeira forrada com papel vegetal e leve ao forno preaquecido a 200 °C por cerca de 25 minutos. Pode ser congelado.

- 12 meses
- 45 minutos
- 14 unidades

★ Rico em proteínas, ferro, cálcio, vitaminas C e do complexo B e ômegas-3 e 6

Almôndegas de legumes
(sem glúten)

1 xícara de aveia em flocos finos sem glúten

1 cebola

2 dentes de alho

1 xícara de buquês de brócolis

1 xícara de buquês de couve-flor

½ berinjela pequena

½ talo de alho-poró

1 tira de pimentão

1 cenoura

½ xícara de ervilhas congeladas

3 colheres (sopa) de polpa de tomate ou de molho de tomate

páprica doce, tomilho, manjericão e pimenta-do-reino a gosto

1 colher (sopa) de linhaça moída

2 colheres (sopa) de salsinha picada

2 colheres (chá) de levedura nutricional ou de levedura de cerveja (opcional)

2 colheres (sopa) de farinha de aveia ou de arroz integral

1 xícara de molho de tomates para servir

sal e azeite a gosto

1. Demolhe a aveia em $2/3$ de xícara de água fervente; reserve.

2. Pique a cebola, o alho, os brócolis, a couve-flor, a berinjela, o alho-poró e o pimentão; rale a cenoura.

3. Aqueça uma frigideira com um fio de azeite e salteie a cebola e o alho; junte os brócolis, a couve-flor, a berinjela, o alho-poró, o pimentão, a cenoura, as ervilhas e a polpa de tomate. Tempere com a páprica-doce, o tomilho, o manjericão, a pimenta-do-reino e o sal e cozinhe até os legumes ficarem macios. Misture a aveia demolhada e triture grosseiramente com o mixer.

4. Adicione a linhaça, a salsinha picada, a levedura (se for usar) e a farinha (se achar a massa úmida, aumente a quantidade); verifique o tempero. Umedeça a palma de uma mão com azeite, retire porções de massa e faça bolinhas.

5. Coloque as bolinhas em uma assadeira forrada com papel vegetal e leve ao forno preaquecido a 200 °C por cerca de 20 minutos.

Sirva com molho de tomate (veja a receita do molho na p. 120).

⭐ Rico em proteínas, ferro, cálcio, zinco, caroteno, vitamina C e ômega-6

+ 10 meses
35 minutos
18 unidades

Croquetes de amêndoa e brócolis
(sem glúten)

1. Usando um mixer, bata a cenoura, a batata-doce e os brócolis com 1 colher (sopa) de azeite até obter uma pasta grosseira. Passe para uma vasilha misture a amêndoa, a linhaça, o sal (se for usar), a cebola e a salsinha picadas e a farinha, mexendo bem. Deve ficar uma pasta consistente e moldável.

2. Retire porções de massa, faça bolinhas e role-as sobre a bancada, para que fiquem cilíndricas. Umedeça com azeite e envolva os croquetes com um pouco de amêndoa ralada.

3. Coloque em uma assadeira forrada com papel vegetal e leve ao forno preaquecido a 200 °C por 15 a 20 minutos ou grelhe em uma frigideira com um fio de azeite. Pode ser congelado.

2 cenouras cozidas, 1 batata-doce cozida e 1½ xícara de brócolis cozidos

1 xícara de amêndoa triturada, mais um pouco para empanar

1 colher (sopa) de linhaça moída

2 colheres (sopa) de cebola roxa

2 colheres (sopa) de salsinha

4 a 6 colheres (sopa) de farinha de arroz integral ou de aveia

sal fino a gosto (+ 12 meses)

azeite a gosto

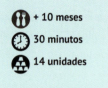
+ 10 meses
30 minutos
14 unidades

⭐ Rico em proteínas, cálcio, ferro, zinco, magnésio, caroteno e ômegas-3 e 6

Croquetes de grão-de-bico
(sem glúten)

½ xícara de castanha-de-caju (sem sal)

1 xícara de grão-de-bico cozido

1 cenoura cozida

1 colher (sopa) de linhaça moída

2 a 3 colheres (sopa) de cebola roxa

3 colheres (sopa) de salsinha e coentro

páprica doce, cúrcuma, manjericão e tomilho a gosto

2 colheres (sopa) de farinha de arroz integral ou de aveia

sal fino a gosto (+ 12 meses)

azeite e gergelim a gosto

1. Triture a castanha no processador até ficar em pó; junte o grão-de-bico, a cenoura e 2 colheres (sopa) de azeite, e bata até obter uma massa densa. Passe para uma vasilha e misture a linhaça, a cebola, a salsinha e o coentro picados, o sal (se for usar), as especiarias e a farinha, mexendo bem. Deve ficar uma pasta consistente e moldável.

2. Retire porções de massa, faça bolinhas e role-as sobre a bancada para que fiquem cilíndricas. Umedeça com azeite e envolva os croquetes com sementes de gergelim.

3. Coloque em uma assadeira forrada com papel vegetal e leve ao forno preaquecido a 200 °C por 15 a 20 minutos ou grelhe em uma frigideira com um fio de azeite. Pode ser congelado.

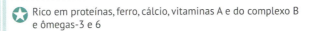

+ 12 meses
50 minutos
Demolha: 40 minutos
30 unidades

Rico em proteínas, ferro, cálcio, vitaminas A e do complexo B e ômegas-3 e 6

Quibe de grão-de-bico e batata-doce

1 xícara de trigo para quibe

1 batata-doce cozida (200 g)

2 xícaras de grão-de-bico cozido

2 colheres (sopa) de linhaça moída

2 colheres (chá) de levedura nutricional ou de levedura de cerveja (opcional)

2 a 4 colheres (sopa) de cebola roxa picada

6 colheres (sopa) de salsinha picada

2 colheres (sopa) de coentro picado

1 colher (sopa) de hortelã picada

sal, cúrcuma, cominho em pó, páprica doce e pimenta-do-reino a gosto

azeite a gosto

1. Em um recipiente, demolhe o trigo para quibe com 2 xícaras de água fervente por 40 minutos. Escorra em uma peneira, pressionando para retirar bem o excesso de água.

2. Amasse a batata-doce cozida com um garfo. Triture o grão-de-bico no processador com 2 colheres (sopa) de azeite e reserve.

3. Em um recipiente grande, misture o trigo para quibe bem escorrido, a batata-doce esmagada, o grão triturado, a linhaça, a levedura (se for usar), a cebola, a salsinha, o coentro e a hortelã finamente picados. Tempere com o sal, a cúrcuma, o cominho, a páprica doce e a pimenta-do-reino; prove e acerte o tempero.

4. Com auxílio de 2 colheres (ou com as mãos) molde os bolinhos em forma de quibe; coloque-os em uma assadeira forrada com papel vegetal e pincele o topo com azeite. Leve ao forno preaquecido a 200 °C por cerca de 25 minutos. Sirva-os quentes ou frios.

Nota: Depois de moldados, os bolinhos podem ser congelados separados por uma folha de papel vegetal. Nesse caso, leve ao forno sem descongelar.

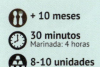

+ 10 meses
30 minutos
Marinada: 4 horas
8-10 unidades

Rico em proteínas, cálcio, ferro, fósforo, magnésio e ômega-6

Nuggets de tofu
(sem glúten)

250 g de tofu fresco firme

um fio de azeite

molho de soja a gosto (+ 12 meses)

alho em pó ou fresco, páprica doce, manjericão e orégano a gosto

1 limão pequeno (suco)

PARA EMPANAR

4 colheres (sopa) de amido de milho ou de farinha

2 colheres (sopa) de água

uma pitada de sal fino (+ 12 meses)

PARA A CROSTA CROCANTE

6 colheres (sopa) de flocos de milho sem açúcar (tipo cornflakes)

1 colher (sopa) de linhaça moída

1 colher (café) de alho em pó

1 colher (café) de orégano

1. Envolva o tofu em papel absorvente para tirar o excesso de umidade; corte fatias com 1 cm de espessura e recorte retângulos ou use um cortador com forma de coração.

2. Tempere o tofu com o azeite, o molho de soja (se for usar), o alho, a páprica doce, o manjericão, o orégano e o suco de limão. Deixe marinar, para absorver o tempero, por 4 a 8 horas na geladeira.

3. Prepare a massa do empanado, misturando o amido com a água e o sal (se for usar) até obter um creme liso.

4. Triture os flocos de milho no processador por alguns segundos; misture a linhaça, o alho e o orégano e coloque em um prato.

5. Envolva cada pedaço de tofu na massa do empanado, com cuidado, e em seguida passe nos flocos triturados, sacudindo o excesso. Coloque em uma assadeira forrada com papel vegetal e leve ao forno preaquecido a 180 °C por cerca de 15 a 20 minutos ou até dourar.

Acompanhe com um cereal integral e legumes cozidos ou uma salada colorida.

+ 12 meses
35 minutos
6 unidades

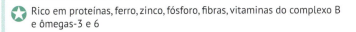

Rico em proteínas, ferro, zinco, fósforo, fibras, vitaminas do complexo B e ômegas-3 e 6

Hambúrgueres de aveia e berinjela

(sem glúten)

1 xícara de aveia em flocos

1 cebola

2 dentes de alho

1 berinjela pequena

1 tira de pimentão vermelho

1 colher (sopa) de molho ou de polpa de tomate

1 colher (café) de páprica doce

1 colher (café) de cúrcuma

1 colher (café) de sementes de coentro moídas

½ colher (café) de tomilho

sal e pimenta-do-reino a gosto

2 colheres (sopa) de beterraba ralada

1 colher (sopa) de linhaça moída

2 colheres (chá) de levedura nutricional ou de levedura de cerveja (opcional)

2 colheres (sopa) de salsinha picada ou de cebolinha

azeite a gosto

1. Demolhe a aveia com ½ xícara de água fervente; deixe repousar enquanto prepara os demais ingredientes.

2. Pique a cebola, o alho, a berinjela e o pimentão.

3. Aqueça uma frigideira com um fio de azeite e salteie o alho e a cebola até começarem a dourar; junte a berinjela, o pimentão e a polpa de tomate e salteie por alguns minutos. Tempere com a páprica doce, a cúrcuma, as sementes de coentro, o tomilho, um pouco de sal e pimenta-do-reino. Adicione a aveia demolhada e a beterraba finamente ralada, envolva bem e cozinhe por 5 minutos, mexendo. Misture a linhaça, a levedura (se for usar) e a salsinha picada e verifique o tempero.

4. Triture grosseiramente com o mixer até obter uma pasta granulosa e moldável (se necessário, junte um pouco de farinha de aveia). Reserve até esfriar.

5. Umedeça as mãos com azeite; retire porções de massa, faça bolinhas e achate-as.

6. Grelhe os hambúrgueres de ambos os lados em uma frigideira com um fio de azeite ou pincele-os com azeite e leve ao forno a 200 °C por cerca de 20 minutos.

Sirva no prato ou no pão, com abacate, tomate, pepino e uma salada verde. Pode acompanhar palitos de batata-doce e ketchup caseiro (p. 154).

Os menus das crianças podem ser enriquecidos com diversos cereais completos e vegetais da época. Não precisamos cair na monotonia de alternar apenas entre as opções tradicionais.

Algumas sugestões:

• Prepare cereais integrais em quantidades maiores (principalmente os que precisam de mais tempo para cozinhar, como o arroz integral e o amaranto) e congele em porções para depois usar em sopas ou outra preparação culinária.

• Para acelerar o processo de cozimento dos cereais integrais, demolhe previamente os grãos em água (até 8 horas), escorra e salteie ligeiramente em um fio de azeite; depois siga os passos habituais.

• Alguns cereais e pseudocereais necessitam ser lavados antes de cozinhar, como é o caso do arroz integral, da quinoa, do milhete e do amaranto. Recorra a um coador de trama fina para facilitar a tarefa e evitar que os grãos finos se percam.

• Prepare outros cereais de grão inteiro, como a cevada e a aveia, demolhando-os por 8 horas e cozinhando-os como o arroz integral (p. 143).

• Ao combinar um cereal integral com uma leguminosa (feijões, grãos, favas, ervilhas ou lentilhas), irá obter proteínas completas, com todos os aminoácidos essenciais.

• A batata-doce é mais nutritiva do que a batata comum, daí ser recomendada desde os primeiros meses de vida.

• Utilize com frequência abacate maduro, pois é uma excelente fonte de gorduras insaturadas e ácidos graxos essenciais para as crianças.

• Procure incluir nas refeições uma fonte de vitamina C – como tomate, pimentão ou suco de limão em temperos – para auxiliar a absorção do ferro fornecido pelos alimentos.

ACOMPANHAMENTOS

Rico em carboidratos, proteínas, ferro, zinco, magnésio e fibras

+ 10 meses
15 minutos
4 porções

Arroz de tomate e feijão
(sem glúten)

1. Retire as peles e pique o tomate, pique o alho e corte o espinafre em pedacinhos.

2. Em uma panela com um fio de azeite, refogue o tomate e o alho até ficarem macios; junte o espinafre e mexa por 2 minutos; adicione o arroz, o feijão, a água e um pouco de sal (se for usar) e cozinhe até ficar macio. Sirva quente.

1 tomate maduro

1 dente de alho

1 xícara de folhas de espinafre ou 1 folha de couve

um fio de azeite

½ xícara de arroz integral cozido (sem sal)

4 colheres (sopa) de feijão-branco, azuqui ou vermelho

1 xícara de água

sal a gosto (+ 12 meses)

+ 10 meses
20 minutos
4 porções

 Rico em carboidratos, proteínas, caroteno, vitaminas do complexo B e fibras

Arroz de alho-poró e cúrcuma
(sem glúten)

½ talo de alho-poró

½ fatia de abóbora ou 1 cenoura pequena

um fio de azeite

½ xícara de arroz basmati

½ colher (café) de cúrcuma

1 ¼ de xícara de água

sal a gosto (+ 12 meses)

1. Corte o alho-poró à juliana; rale a abóbora com um ralador.

2. Em uma panela com um fio de azeite, salteie o alho-poró e a abóbora, até ficarem macios; junte o arroz e a cúrcuma e mexa por 2 minutos. Adicione a água e um pouco de sal (se for usar) e cozinhe por cerca de 12 minutos ou até absorver a água (aumente a quantidade de água se quiser um arroz mais úmido). Mantenha tampado por 10 minutos e sirva.

+ 10 meses
40 minutos
6-8 porções

Rico em carboidratos, magnésio, fósforo, proteínas e fibras

Arroz integral colorido
(sem glúten)

1 xícara de arroz integral

um fio de azeite

2½ xícaras de água

½ xícara de ervilhas cozidas

½ xícara de milho cozido

3 colheres (sopa) de uvas-passas picadas

1 cenoura ralada

1 beterraba pequena ralada

sal a gosto (+ 12 meses)

1. Lave o arroz e escorra-o (se quiser, deixe de molho em um recipiente com água por 8 horas).

2. Em uma panela com um fio de azeite, salteie o arroz por 2 minutos mexendo o tempo todo; junte a água e um pouco de sal (se for usar). Depois de levantar fervura, reduza o fogo, tampe e cozinhe até absorver a água por 30 a 35 minutos (ou 20 minutos em uma panela de pressão).

3. Desligue o fogo, misture as ervilhas, o milho, as uvas-passas, a cenoura e a beterraba raladas finamente e mantenha tampado por 10 minutos. Sirva quente.

Nota: O arroz integral simples pode ser congelado em porções para se usar mais tarde.

⭐ Rico em carboidratos, proteínas, fibras e vitaminas do complexo B

+ 10 meses
25 minutos
4 porções

Bulgur cor-de-rosa

1. Em uma panela com um fio de azeite, salteie o bulgur e o alho inteiro por 2 minutos, mexendo o tempo todo e sem deixar queimar. Junte a água, a beterraba ralada finamente, o manjericão e um pouco de sal (se for usar); tampe e cozinhe em fogo brando por cerca de 15 minutos ou até absorver a água.

2. Desligue o fogo e mantenha tampado por mais 10 minutos; retire o dente de alho e o raminho de manjericão, solte os grãos com um garfo e tempere com um fio de azeite. Sirva quente ou frio.

½ xícara de bulgur (triguilho)

1 dente de alho

1 xícara de água

1 colher (sopa) de beterraba ralada

1 raminho de manjericão ou de coentro

sal a gosto (+ 12 meses)

azeite a gosto

+ 10 meses
25 minutos
4-6 porções

⭐ Rico em proteínas, ferro, magnésio, carboidratos e ômegas-3 e 6

Quinoa
(sem glúten)

1 xícara de quinoa

1 dente de alho

1½ xícara de água

1 raminho de manjericão ou de coentro

sal a gosto (+ 12 meses)

azeite a gosto

1. Lave a quinoa (de preferência, em água quente) e escorra-a em uma peneira de trama fina; repita duas ou três vezes (desta forma, remove-se a goma amarga).

2. Em uma panela com um fio de azeite, salteie a quinoa escorrida e o alho inteiro por 2 minutos, mexendo o tempo todo. Junte a água, o manjericão e um pouco de sal (se for usar); tampe e cozinhe em fogo brando por cerca de 15 a 20 minutos, até absorver a água.

3. Desligue o fogo e mantenha tampado por 10 minutos; retire o dente de alho e o raminho de manjericão; solte os grãos com um garfo e tempere com um fio de azeite. Sirva quente ou frio.

Nota: Congele a quinoa cozida em porções para usar mais tarde.

+ 9 meses
35 minutos
4 porções

Rico em carboidratos, proteínas, magnésio, vitaminas E e do complexo B e ômega-6

Milhete com abóbora e coentro
(sem glúten)

½ xícara de milhete

½ cebola

½ fatia de abóbora

1 ½ xícara de água

2 raminhos de coentro

sal a gosto (+ 12 meses)

1 maçã (opcional)

azeite a gosto

1. Lave o milhete e escorra-o em uma peneira de trama fina; repita duas ou três vezes. Pique a cebola e rale a abóbora.

2. Em uma panela com um fio de azeite, refogue a cebola e a abóbora até ficarem macias. Junte o milhete e salteie por 2 minutos, mexendo. Adicione a água, 1 raminho de coentro e um pouco de sal (se for usar). Cozinhe em fogo brando, tampado, por cerca de 20 a 25 minutos.

3. Desligue o fogo e deixe repousar por 10 minutos. Solte os grãos com um garfo, tempere com um fio de azeite e misture o coentro restante finamente picado e a maçã ralada (se for usar). Sirva em seguida, ainda quentinho (tem tendência a endurecer quando esfria).

Rico em carboidratos, proteínas, zinco, magnésio e fibras

 + 10 meses
 30 minutos
4 porções

Trigo-sarraceno com ervilha-torta
(sem glúten)

1. Em uma frigideira antiaderente (sem gordura), toste o trigo-sarraceno por 2 minutos, mexendo o tempo todo, sem deixar queimar. Reserve. Pique a cebola e o tomate; rale a cenoura e corte as ervilhas em pedacinhos.

2. Em uma panela com um fio de azeite, refogue a cebola até ficar translúcida; junte o tomate e a cenoura e mexa até ficarem macios. Em seguida adicione o trigo-sarraceno, um pouco de sal (se for usar), o raminho de coentro e a água. Cozinhe por cerca de 20 minutos. Nos momentos finais, junte os pedaços de ervilha e o creme de arroz (se for usar). Sirva quente.

½ xícara de trigo-sarraceno

½ cebola

1 tomate maduro

1 cenoura

1 xícara de ervilha-torta

um fio de azeite

1 raminho de coentro

1½ ou 2 xícaras de água

2 colheres (sopa) de creme de arroz ou 3 colheres (sopa) de leite de coco (opcional)

sal a gosto (+ 12 meses)

+ 10 meses
35 minutos
4 porções

Rico em carboidratos, proteínas, cálcio e fibras

Amaranto com beterraba e leite de coco

(sem glúten)

½ xícara de amaranto
½ beterraba pequena
2 buquês de brócolis
um fio de azeite
1½ xícara de água
½ xícara de leite de coco
sal a gosto (+ 12 meses)

1. Lave o amaranto (até a água ficar límpida) e escorra-o em uma peneira de trama fina. Rale finamente a beterraba e corte os brócolis em pedacinhos.

2. Em uma panela com um fio de azeite, salteie o amaranto por 2 minutos, mexendo o tempo todo. Junte a beterraba ralada, a água e uma pitada de sal (se for usar). Cozinhe com a panela tampada por cerca de 20 minutos. Adicione o leite de coco e os brócolis e cozinhe por mais 8 minutos. Sirva quente.

Rico em carboidratos, cálcio e vitaminas C e do complexo B

 + 9 meses
 15 minutos
4 porções

Polenta com brócolis e tomate cereja
(sem glúten)

1. Pique finamente os brócolis e o coentro; pique ou corte em quatro os tomates.

2. Coloque a água em uma panela, deixe levantar fervura e junte a sêmola aos poucos, mexendo com fouet (para evitar que forme grumos). Adicione um fio de azeite, os brócolis, alguns pedacinhos de tomate, o coentro e um pouco de sal (se for usar). Cozinhe em fogo brando por cerca de 10 minutos, mexendo até engrossar. Desligue o fogo, misture a manteiga (se for usar) ou mais um fio de azeite e o restante do tomate cereja. Sirva em seguida.

2 buquês de brócolis
1 raminho de coentro
8 tomates cereja
2 xícaras de água
5 colheres (sopa) de sêmola de milho
1 colher (sopa) de manteiga vegetal (opcional)
sal a gosto (+ 12 meses)
azeite a gosto

+ 12 meses
15 minutos
3-4 porções

Rico em carboidratos e vitaminas A, C e do complexo B

Cuscuz marroquino com vagem e romã

½ xícara de cuscuz

1 raminho de manjericão ou de coentro

uma pitada de cúrcuma

uma pitada de orégano

¾ de xícara de água fervente

50 g de vagem cozida

3 colheres (sopa) de milho cozido

3 colheres (sopa) de sementes de romã

1 colher (sopa) de salsinha picada

azeite, sal e suco de limão a gosto

1. Coloque o cuscuz em um recipiente com tampa; junte o raminho de manjericão, a cúrcuma, o orégano, um fio de azeite e uma pitada de sal e misture.

2. Adicione a água fervente, mexa e tampe de imediato (uma opção é cobrir com uma toalha para isolar o calor). Deixe repousar durante 10 minutos.

3. Destampe, solte os grãos com um garfo e retire o raminho de manjericão. Em seguida, junte a vagem, o milho, as sementes de romã e a salsinha finamente picada; tempere com um fio de azeite e gotas de limão.

⭐ Rico em carboidratos, cálcio, ferro, zinco, magnésio e vitamina C

🍽 + 10 meses
🕐 20 minutos
👥 2 porções

Macarrão com creme de castanha

1. Cozinhe a massa em água abundante com sal (se for usar) e escorra.

2. Em um processador, triture as castanhas-de-caju e as nozes até obter um pó fino. Junte a água quente, a levedura e um pouco de sal (se for usar), alho em pó, cúrcuma e orégano; bata para misturar. Adicione o suco de limão e ajuste o tempero.

3. Incorpore o creme à massa. Misture o manjericão fresco e a salsinha finamente picados e os tomates cereja cortados em quatro. Sirva quente ou frio.

½ xícara de massa integral (caracol ou rigatoni)

2 colheres (sopa) de castanha-de-caju (sem sal)

1 colher (sopa) de nozes

2-4 colheres (sopa) de água quente

1 colher (café) de levedura de cerveja (opcional)

alho em pó, cúrcuma e orégano a gosto

1 colher (chá) de suco de limão

1 raminho de manjericão

1 raminho de salsinha

4 tomates cereja

sal a gosto (+ 12 meses)

- + 12 meses
- 20 minutos
- 2-3 porções

Rico em carboidratos, caroteno, ácido fólico, iodo e ômega-6

Noodles com aroma do mar

(sem glúten)

1 a 2 colheres (sopa) de alga arame (opcional)

1 cenoura

½ abobrinha pequena

2 folhas de couve pak choy

1 dente de alho

50 g de macarrão de arroz

sal e páprica doce a gosto

azeite a gosto

1. Se for usar, demolhe a alga em um recipiente com água por 10 minutos e escorra.

2. Corte a cenoura e a abobrinha (sem tirar a casca) em fios longos usando um cortador de legumes apropriado; corte a couve em tiras fininhas e amasse o alho.

3. Em uma frigideira com um fio de azeite, salteie a cenoura, a abobrinha, a couve, o alho e a alga por 4 minutos, mexendo o tempo todo. Adicione cerca de 1 xícara de água quente e junte o macarrão; tempere com um pouco de sal e páprica doce e cozinhe por 4 minutos (ou durante o tempo recomendado na embalagem). Junte um fio de azeite e sirva em seguida. Pode misturar um creme vegetal se quiser que fique cremoso.

Rico em carboidratos, caroteno, vitaminas A e do complexo B, gorduras insaturadas e ômegas-3 e 6

+ 9 meses
20 minutos
2-3 porções

Salada russa com maionese de abacate

1. Corte a batata, a cenoura, a mandioquinha e a vagem em pedaços pequenos. Junte as ervilhas e cozinhe em água com sal (se for usar) até amaciar. Escorra.

2. Amasse a polpa do abacate com um garfo; junte um fio de azeite e um pouco de suco de limão e misture. Misture o creme de abacate com os legumes cozidos. Sirva a salada quente ou fria.

4 batatas bolinha
1 cenoura
1 mandioquinha
4 vagens
3 colheres (sopa) de ervilhas congeladas
1 abacate maduro
azeite e suco de limão a gosto
sal a gosto (+ 12 meses)

+ 12 meses
15 minutos
2-3 porções

Rico em carboidratos, caroteno, vitaminas A e complexo B, ferro, zinco e ômega-6

Farofa de mandioca com nozes
(sem glúten)

½ talo de alho-poró ou 1 cebola pequena

1 dente de alho

1 cenoura

1 maçã (opcional)

2 buquês de brócolis ou 4 aspargos

6 colheres (sopa) de farinha de mandioca

3 colheres (sopa) de água quente

1 colher (sopa) de coentro picado

1 colher (sopa) de salsinha picada

2 colheres (sopa) de nozes ou de avelãs picadas

sal e azeite a gosto

1. Corte o alho-poró à juliana e pique o alho; rale a cenoura e a maçã (se for usar); corte finamente os brócolis.

2. Em uma frigideira com um fio de azeite, salteie o alho-poró, o alho e a cenoura até murcharem. Junte os brócolis, a maçã, a farinha de mandioca, a água e uma pitada de sal; cozinhe por cerca de 8 minutos, sem parar de mexer. Misture o coentro, a salsinha e as nozes picadas. Sirva a farofa quente ou fria.

★ Rico em vitaminas A e C, licopeno e ácido fólico

+ 12 meses
5 minutos
4 porções

Ketchup caseiro

1. Coloque o molho de tomate (frio) em uma panela e dissolva completamente o amido. Leve ao fogo e mexa até engrossar; adicione o açúcar de coco e o vinagre e ajuste o tempero com sal e orégano. Deixe esfriar e conserve na geladeira por até 4 dias.

½ xícara de molho de tomate (p. 120)

1 colher (chá) de amido de milho (cheia)

1 colher (café) de açúcar de coco

1 colher (café) de vinagre de sidra

sal e orégano a gosto

+ 9 meses
35 minutos
4 porções

 Rico em carboidratos, caroteno, vitaminas A e C e ômega-6

Palitos de batata-doce e cenoura ao forno

2 batatas-doces

2 cenouras

páprica doce, orégano e manjericão a gosto

azeite a gosto

1. Lave bem ou descasque as batatas e as cenouras; corte-as em palitos finos, com a mesma espessura. Tempere com uma pitada de páprica doce, orégano e manjericão e com um fio de azeite (use pouca quantidade, para que os legumes não fiquem moles).

2. Coloque os palitos em uma assadeira forrada com papel vegetal, espaçados, e leve ao forno preaquecido a 220 °C ou 250 °C por cerca de 30 minutos ou até ficarem dourados e crocantes.

+ 12 meses
30 minutos
4 porções

Rico em vitaminas A e do complexo B, proteínas, ferro, zinco e magnésio

Gratinado de brócolis, couve-flor e aspargo com castanha-de-caju

4 buquês de brócolis

4 buquês de couve-flor

4 aspargos

2 colheres (sopa) de castanha-de-caju (sem sal)

1 xícara de água

2 colheres (sopa) de azeite

1 dente de alho

1 raminho de coentro

2 folhas de manjericão

uma pitada de orégano

2 colheres (sopa) de amido de milho

1 colher (sopa) de levedura de cerveja

2 colheres (sopa) de molho de tomate (p. 120)

sal a gosto

1. Corte os brócolis, a couve-flor e os aspargos em pedacinhos; cozinhe-os por 5 minutos e escorra-os.

2. Demolhe a castanha-de-caju por 10 minutos (ou 2 horas) e escorra. Coloque-as no processador com ½ xícara de água quente, o azeite, o alho, o coentro, o manjericão e o orégano e triture por alguns segundos até obter um creme. Junte o amido de milho, a levedura de cerveja, um pouco de sal, mais ½ xícara de água e volte a bater.

3. Coloque 2 colheradas do creme de castanha-de-caju no fundo de um refratário, disponha os legumes cozidos, cubra com o restante do creme e regue com o molho de tomate. Leve ao forno a 200 °C por cerca de 15 a 20 minutos ou até gratinar.

⭐ Rico em vitaminas A e do complexo B, ferro e antioxidantes

+ 10 meses
25 minutos
4 porções

Salada de maçã e beterraba

1. Lave bem as beterrabas. Coloque-as inteiras ou cortadas ao meio, sem descascar, em uma panela com água e leve ao fogo para cozinhar por cerca de 20 minutos ou até ficarem macias. Escorra-as, descasque-as e corte-as em cubinhos ou tirinhas.

2. Corte a maçã e o pepino (se for usar) em tiras finas, misture com a beterraba cozida e tempere com azeite, suco de limão e orégano.

2 beterrabas pequenas
1 maçã
¼ de pepino de casca tenra (opcional)
um fio de azeite
suco de limão e orégano a gosto

+ 9 meses
5 minutos
2-4 porções

⭐ Rico em vitaminas A, C e do complexo B, cálcio, ferro, gorduras insaturadas e ômegas-3 e 6

Salada de abacate, tomate e brócolis

1 abacate maduro
1 xícara de brócolis cozidos
2 folhas de manjericão
4 tomates cereja
um fio de azeite
uma pitada de sal (+ 12 meses)
orégano e suco de limão a gosto

1. Abra o abacate ao meio, retire a polpa e corte-a em cubinhos. Pique os brócolis e as folhas de manjericão e corte o tomate cereja em pedacinhos. Misture tudo e tempere com o azeite, o sal (se for usar), orégano e suco de limão. Sirva logo em seguida.

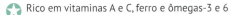 Rico em vitaminas A e C, ferro e ômegas-3 e 6

Salada verde com manga

3 folhas de alface tenras

½ xícara de folhinhas tenras de agrião

1 raminho de coentro

1 manga pequena

1 colher (sopa) de molho de ervas

MOLHO DE ERVAS

½ xícara de azeite ou de óleo rico em ômega-3

3 folhas de manjericão

1 raminho de salsinha

1 raminho de coentro

uma pitada de orégano

uma pitada de sal (+ 12 meses)

1 colher (chá) de suco de limão

1. Corte as folhas de alface à juliana e pique o agrião e o coentro. Corte a manga em cubinhos e aproveite o suco para regar a salada.

2. Para preparar o molho de ervas, triture todos os ingredientes no processador. Coloque sobre a salada e misture bem. O molho pode ficar na geladeira por até 2 semanas.

Lanches e Delícias para Festas

É um desafio gratificante preparar alimentos de forma pura e artesanal, mais ainda se forem saboreados e apreciados pelas crianças. Vale a pena dedicar um tempinho para fazer compotas caseiras, pastas de oleaginosas, pãezinhos e biscoitos deliciosos sem açúcar nem aditivos.

Algumas sugestões:

• Escolha frutas doces e maduras para preparar compotas.
• As compotas caseiras sem açúcar podem ser preparadas e enriquecidas com sementes de chia, que, além de conterem um elevado teor de ferro e ômega-3, ajudam a dar a consistência adequada.
• Use tâmaras secas, sem banho de glicose ou quaisquer outros aditivos, para adoçar as receitas. Essas tâmaras podem ser encontradas em lojas especializadas e em mercados.
• As tâmaras substituem o açúcar nas receitas, pois ele não deve ser consumido, especialmente nos primeiros anos de vida.
• É importante usar farinha de arroz integral; não utilize farinha de arroz branca refinada, pois, além de menos nutritiva, compromete o resultado das receitas (endurece e seca os alimentos).
• Os pãezinhos e os bolinhos podem ser congelados para usar quando precisar, para oferecer ao bebê ou completar a lancheira da escola.
• Nos preparados de biscoitos e bolinhos, o azeite pode ser substituído por óleo de coco derretido, na mesma proporção.
• Escolha as oleaginosas – avelãs, amêndoas, nozes, castanhas-de-caju etc. – cruas e sem adição de sal; dê preferência a produtos orgânicos e nacionais.
• Se for usar manteiga vegetal, opte por um creme vegetal em barra não hidrogenado, sem leite de vaca e enriquecido em vitaminas, ou escolha uma pasta orgânica de oleaginosas (de amêndoa, de castanha-de-caju, de amendoim etc.).

COMPOTAS, PASTAS E BISCOITOS

Rico em vitaminas A, E e do complexo B, ferro e ômega-3

Compota de ameixa e chia
(sem açúcar)

1. Descaroce, retire a pele e corte as ameixas em pedaços.

2. Cozinhe as ameixas com 1 colher (sopa) de água e o pau de canela, em uma panela tampada e em fogo brando, por cerca de 25 minutos, mexendo ocasionalmente.

3. Retire o pau de canela e triture as ameixas cozidas até obter um creme. Adicione as sementes de chia, mexa e deixe esfriar. Guarde em um frasco (esterilizado), na geladeira, por até 3 semanas.

Nota: As compotas sem açúcar têm uma durabilidade menor, daí ser necessário conservá-las na geladeira. Adicione tâmaras durante o cozimento se preferir uma compota mais doce.

500 g de ameixas maduras e doces

1 pau de canela

1 a 2 colheres (sopa) de sementes de chia

Rico em caroteno, vitaminas A e C e cálcio

Compota de abóbora e laranja
(sem açúcar)

500 g de abóbora-manteiga

1 laranja doce

6 tâmaras secas

2 paus de canela

1. Descasque e corte a abóbora em cubinhos; tire a casca da laranja com uma faca e extraia o suco; corte as tâmaras em pedaços.

2. Em uma panela, cozinhe em fogo brando a abóbora com o suco e a casca da laranja, os paus de canela e as tâmaras por cerca de 25 minutos, mexendo ocasionalmente. Se necessário, junte um pouco de água. Desligue o fogo e retire a casca de laranja e os paus de canela.

3. Triture no processador até obter um creme aveludado. Guarde em um frasco (esterilizado). Pode ser conservado em geladeira por até 3 semanas.

Nota: Pode-se substituir a abóbora por cenoura.

- + 12 meses
- 25 minutos
- 400 gramas

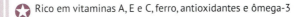

★ Rico em vitaminas A, E e C, ferro, antioxidantes e ômega-3

Compota de morango, amora e chia
(sem açúcar)

400 g de morangos

100 g de amoras frescas ou de mirtilos

6 tâmaras secas (opcional)

1 tirinha de casca de limão

1 a 2 colheres (sopa) de sementes de chia

1. Lave bem os morangos e as amoras, retire as hastes e corte as frutas em pedaços.

2. Triture as tâmaras (descaroçadas, se for usar) em um processador por alguns segundos ou pique-as finamente com uma faca.

3. Em uma panela com tampa, leve ao fogo brando os morangos, as amoras e a casca de limão, por cerca de 20 minutos. Na metade do tempo, junte as tâmaras e mexa; amasse os pedaços inteiros de morango com as costas de uma colher.

4. Retire a casca de limão e adicione as sementes de chia. Guarde em um frasco (esterilizado), na geladeira, por até 3 semanas.

Rico em proteínas, cálcio, magnésio, zinco, fósforo e gorduras insaturadas

+ 10 meses
15 minutos
150 gramas

Pasta de amêndoa

1. Coloque as amêndoas no processador e triture para quebrar. Repita o processo durante 10 a 12 minutos, raspando as paredes do processador com uma espátula. No início você vai obter um pó fino, mas depois, à medida que o óleo se soltar, passará do aspecto de uma pasta granulosa para um creme aveludado.

2. Coloque a pasta em um frasco com tampa e conserve na geladeira.

Nota: Se necessário, faça pausas para evitar que o processador sobreaqueça e se danifique.

1 xícara de amêndoas (com pele)

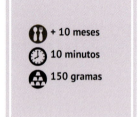
+ 10 meses
10 minutos
150 gramas

 Rico em proteínas, cálcio, magnésio, zinco, fósforo e gorduras insaturadas

Pasta de castanha-de-caju

1 xícara de castanhas-de-caju (sem sal)

1. Coloque as castanhas-de-caju no processador e triture até obter um pó fino; continue a bater por cerca de 8 minutos até formar a pasta. Se necessário, raspe as paredes do processador com uma espátula e volte a bater.

2. Coloque a pasta em um frasco com tampa e conserve na geladeira.

+ 24 meses
25 minutos
180 gramas

⭐ Rico em proteínas, cálcio, magnésio, zinco, fósforo, gorduras insaturadas e ômega-3

Pasta de avelã e cacau

1 xícara de avelãs (com pele)

60 g de chocolate amargo em barra ou 3 colheres (sopa) de cacau em pó ou de nibs de cacau

4 a 6 colheres (sopa) de leite vegetal

1. Toste as avelãs no forno ou em uma frigideira antiaderente (sem gordura) por 4 minutos, sem deixar queimar. Retire-as do forno e envolva-as em um pano limpo, friccionando para soltar a pele.

2. Coloque as avelãs no copo do processador e triture até obter um pó fino; continue a bater por mais cerca de 8 minutos, até se transformar em pasta.

3. Derreta o chocolate amargo em banho-maria. Adicione o chocolate derretido e o leite no processador e bata para incorporar e obter um creme aveludado. Coloque a pasta em um frasco com tampa e conserve na geladeira.

Nota: Se preferir mais doce, triture à parte 6 tâmaras (demolhadas) com 2 colheres (sopa) de leite vegetal e incorpore ao creme.

Rico em vitaminas A e do complexo B, cálcio e carboidratos

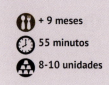
+ 9 meses
55 minutos
8-10 unidades

Pãezinhos de batata-doce
(sem glúten)

1. Cozinhe as batatas-doces ou asse-as no forno; retire a casca e triture com o processador para obter um purê (rende cerca de 300 g). Deixe esfriar.

2. Em uma vasilha, misture o polvilho azedo, o polvilho doce e o sal (se for usar); junte o azeite e mexa para formar uma farofa. Adicione a beterraba ou as especiarias e as sementes, se desejar.

3. Acrescente o purê de batata-doce na vasilha das farinhas e misture bem, formando uma bola de massa homogênea que se despega das mãos. Retire pequenas porções e molde bolinhas. Coloque-as em uma assadeira forrada com papel vegetal e deixe repousar por 30 minutos.

4. Leve ao forno preaquecido a 180 °C por cerca de 30 a 35 minutos. Sirva as bolinhas quentes.

Nota: Os polvilhos doce e azedo são féculas de mandioca (o azedo é um produto fermentado de sabor intenso).

2 batatas-doces (400 g)

½ xícara de polvilho azedo (80 g)

¾ de xícara de polvilho doce (80 g)

1 colher (café) de sal refinado (+ 12 meses)

4 colheres (sopa) de azeite

COM BETERRABA

2 colheres (sopa) de beterraba ralada (+ 10 meses)

COM ERVAS E SEMENTES

1 colher (café) de orégano

1 colher (café) de páprica doce

uma pitada de cúrcuma

1 colher (sopa) de sementes de chia ou de papoula

Sem glúten e com uma textura "borrachuda", estas bolinhas são ideais para os bebês.

+ 9 meses
2 horas
8 unidades

 Rico em carboidratos, proteínas, cálcio e fibras

Pãezinhos de espelta e centeio

150 g de farinha de espelta

150 g de farinha de centeio ou de cevada

50 g de farinha de arroz integral

50 g de farinha de aveia

1 colher (café) de sal (+ 12 meses)

1 colher (sopa) de sementes de chia ou de gergelim

1 colher (sopa) de sementes de girassol ou de abóbora

10 g de fermento biológico fresco ou 5 g de fermento biológico seco para pão

1 xícara de água morna (250 ml)

1 colher (sopa) de azeite

aveia em flocos ou sementes de gergelim, para polvilhar

COM ALFARROBA

1½ colher (sopa) de farinha de alfarroba (15 g)

1. Em uma vasilha, misture as farinhas, o sal (se for usar) e as sementes (e a farinha de alfarroba, se quiser fazer os pãezinhos com alfarroba).

2. À parte, em uma vasilha pequena, dissolva o fermento na água morna com uma colher (de pau ou de plástico) e deixe repousar por 5 a 10 minutos.

3. Junte o azeite e o fermento às farinhas e mexa rapidamente. Amasse um pouco com as mãos, formando uma bola de massa; se necessário, acrescente um pouco mais de farinha. Pode-se amassar na máquina de pão, se preferir.

4. Cubra a bola de massa com um pano e deixe crescer dentro do forno (com a luz acesa para manter a temperatura a 40 °C), durante 1 hora ou até dobrar de tamanho.

5. Retire a massa do forno e, em uma superfície enfarinhada, divida a massa em oito pedaços. Evitando mexer demais com a massa, molde bolinhas, envolva-as na aveia e passe-as para uma assadeira forrada com papel vegetal. Deixe descansar por mais 30 minutos.

6. Aumente a temperatura do forno para 180 °C e coloque no fundo dele uma vasilha com água quente, para dar umidade ao pão. Asse durante 20 a 25 minutos. Retire e deixe os pãezinhos esfriarem em cima de uma grelha.

Nota: Pode-se substituir a farinha de espelta por farinha de kamut ou de trigo integral. Para um pão de fôrma grande, duplique a receita. Para fazer pãezinhos de leite, substitua metade da água por leite vegetal. Não adicione sal se a criança tiver menos de 12 meses.

Rico em carboidratos, proteínas, cálcio, ferro e ômega-6

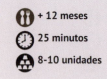
+ 12 meses
25 minutos
8-10 unidades

Bolinhos de frutas secas
(sem açúcar)

1. Triture as tâmaras em um processador por alguns segundos; adicione metade da farinha e volte a triturar.

2. Em uma tigela, misture o restante da farinha, a canela, o fermento, o bicarbonato e as raspas de limão e de laranja. Adicione 6 colheres (sopa) de azeite, o leite e o iogurte, mexendo bem para incorporar os ingredientes. Junte o mix de frutas secas, finamente picadas, e misture com cuidado. A massa deve ficar espessa.

3. Retire porções de massa e molde pequenas bolinhas com as mãos. Coloque em uma assadeira com papel vegetal, pincele com o restante do azeite e leve ao forno preaquecido a 180 °C por 18 a 20 minutos. Deixe esfriar em uma grade de metal.

½ xícara de tâmaras secas descaroçadas

2 xícaras de farinha de espelta ou de trigo

1 colher (chá) de canela em pó

1 colher (sobremesa) de fermento químico em pó

1 colher (café) de bicarbonato de sódio

raspas da casca de 1 limão

raspas da casca de 1 laranja

6 + 1 colher (sopa) de azeite ou de óleo de coco derretido

2 a 4 colheres (sopa) de leite vegetal

1 pote de iogurte natural de soja

¾ de xícara de mistura de frutas secas e oleaginosas (uva-passa, cranberry, ameixa, damasco, avelãs, amêndoas e nozes)

Rico em carboidratos, proteínas, caroteno, vitaminas A e C, fibras e ômega-6

+ 10 meses
25 minutos
10-12 unidades

Bolinhos de cenoura
(sem açúcar)

1. Triture as tâmaras em um processador por alguns segundos; adicione a farinha e volte a triturar.

2. Passe a mistura para uma vasilha e junte o fermento, o azeite e o leite, mexendo para incorporar os ingredientes. Acrescente as raspas de limão e a cenoura ralada finamente e misture bem.

3. Forre uma assadeira com papel vegetal e coloque colheradas de massa. Leve ao forno preaquecido a 180 °C por 15 a 20 minutos. Deixe esfriar em uma grade de metal.

½ xícara de tâmaras secas descaroçadas

1 xícara de farinha de espelta integral ou de trigo integral

1 colher (chá) de fermento químico em pó

2 colheres (sopa) de azeite ou de óleo de coco

½ xícara de leite vegetal

raspas da casca de ½ limão

1 cenoura ralada

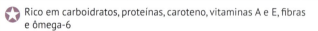 Rico em carboidratos, proteínas, caroteno, vitaminas A e E, fibras e ômega-6

Bolinhos de coco e cenoura
(sem glúten e sem açúcar)

½ xícara de tâmaras secas descaroçadas

½ xícara de farinha de arroz integral

½ xícara de coco ralado

1 colher (café) de fermento químico em pó

1 colher (café) de bicarbonato de sódio

2 colheres (sopa) de azeite ou de óleo de coco

⅓ de xícara de leite vegetal

raspas da casca de ½ laranja ou limão

1 cenoura ralada

1. Triture as tâmaras em um processador por alguns segundos; adicione a farinha e volte a triturar.

2. Passe a mistura para uma vasilha e junte o coco, o fermento, o bicarbonato, o azeite e o leite, mexendo para incorporar os ingredientes. Acrescente as raspas de laranja e a cenoura ralada finamente e misture bem.

3. Forre uma assadeira com papel vegetal, coloque colheradas de massa e modele no formato de bolinhos. Leve ao forno preaquecido a 180 °C por 18 a 20 minutos. Deixe esfriar em uma grade de metal.

Rico em carboidratos, proteínas, magnésio, fibras e ômega-6

+ 7 meses
40 minutos
10 unidades

Biscoitos de canela e tâmara
(sem glúten e sem açúcar)

1. Triture as tâmaras em um processador por alguns segundos; adicione a aveia e volte a triturar até obter uma farofa.

2. Coloque a mistura em uma vasilha e adicione a farinha, a canela, o bicarbonato (se for usar), o azeite e a água. Forme uma bola de massa, envolva-a em filme de PVC e deixe repousar na geladeira por 20 minutos.

3. Retire pequenas porções de massa, molde bolinhas e achate-as; ou use um cortador de bolachas. Transfira para uma assadeira forrada com papel vegetal e leve ao forno preaquecido a 180 °C por 12 minutos. Deixe esfriar e guarde em um recipiente fechado.

½ xícara de tâmaras secas descaroçadas

3 colheres (sopa) de aveia em flocos sem glúten

½ xícara de farinha de arroz integral

1 colher (café) de canela em pó

1 colher (café) de bicarbonato de sódio (+ 9 meses)

2 colheres (sopa) de azeite

2 a 3 colheres (sopa) de água

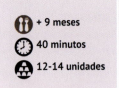
+ 9 meses
40 minutos
12-14 unidades

⭐ Rico em carboidratos, vitaminas A e do complexo B, proteínas, magnésio, fibras e ômega-6

Biscoitos de aveia e banana
(sem glúten e sem açúcar)

4 tâmaras secas descaroçadas

4 ameixas secas descaroçadas

1 xícara de aveia em flocos sem glúten

2 a 4 colheres (sopa) de coco ralado

1 colher (café) de canela em pó

1 colher (café) de bicarbonato de sódio

uma pitada de sal refinado (+ 12 meses)

1 a 2 colheres (sopa) de azeite

raspas da casca de ½ limão

1 banana madura

1. Triture as tâmaras e as ameixas em um processador por alguns segundos; adicione metade da aveia e volte a triturar.

2. Passe a mistura para uma vasilha e junte o restante da aveia, o coco, a canela, o bicarbonato, o sal (se for usar), o azeite e as raspas de limão. Amasse a banana com um garfo e adicione-a à mistura. Forme uma bola de massa, envolva-a em filme de PVC e deixe-a repousar na geladeira por 20 minutos.

3. Forre uma assadeira com papel vegetal. Molde bolinhas de massa e achate-as. Transfira-as para a assadeira e leve ao forno preaquecido a 180 °C por 15 a 18 minutos. Deixe esfriar e guarde em um recipiente fechado.

Os biscoitos adoçados com tâmaras e sem glúten são ideais para as crianças.

🟊 Rico em carboidratos, proteínas e ômega-6

Biscoitos de espelta e orégano

1 xícara de farinha de espelta integral ou de trigo integral

1 colher (café) de orégano

uma pitada de alho em pó

1 colher (café) de sal refinado (+ 12 meses)

1 colher (chá) de linhaça moída

1 colher (café) de bicarbonato de sódio

2 colheres (sopa) de azeite

3 colheres (sopa) de água fria

1. Em uma vasilha, misture a farinha, o orégano, o alho em pó, o sal (se for usar), a linhaça e o bicarbonato. Junte o azeite e a água e misture até formar uma bola de massa que se despegue da tigela. Envolva-a em filme de PVC e deixe repousar na geladeira por 20 minutos.

2. Coloque a massa em uma superfície de trabalho sobre uma folha de papel vegetal; cubra com filme de PVC e estenda com o rolo até a massa obter uma espessura fina. Recorte as bolachas com um cortador. Transfira para uma assadeira forrada com papel vegetal.

3. Leve ao forno preaquecido a 180 °C por 12 minutos. Deixe esfriar e guarde em um recipiente fechado.

 Rico em carboidratos, cálcio, proteínas, magnésio, fibras, vitamina C e ômega-6

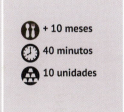

Cookies de amêndoa e alfarroba

(sem glúten e sem açúcar)

1. Triture as tâmaras em um processador; adicione a farinha de arroz integral e volte a triturar.

2. Passe para uma tigela e junte a amêndoa moída, a linhaça, a alfarroba, a canela, o bicarbonato e as raspas de laranja; misture o azeite e a água. Forme uma bola de massa que se despegue da tigela e envolva-a em filme de PVC; deixe repousar na geladeira por 20 minutos.

3. Forre uma assadeira com papel vegetal. Molde bolinhas de massa, achate-as e distribua por cima as amêndoas finamente picadas (se for usar), pressionando ligeiramente. Leve ao forno preaquecido a 180 °C por 15 minutos. Deixe esfriar e guarde em um recipiente fechado.

½ xícara de tâmaras secas descaroçadas

½ xícara de farinha de arroz integral

½ xícara de amêndoa moída

1 colher (sopa) de linhaça moída

1 colher (sobremesa) de alfarroba

1 colher (café) de canela em pó

1 colher (café) de bicarbonato de sódio

raspas da casca de ½ laranja

3 colheres (sopa) de azeite

1 a 2 colheres (sopa) de água

8 amêndoas picadas (opcional)

- + 10 meses
- 30 minutos
- 10-12 unidades

⭐ Rico em cálcio, proteínas, ferro, potássio, carboidratos e ômegas-3 e 6

Waffles de coco
(sem açúcar)

½ lata de leite de coco (200 ml)

½ xícara de água

½ xícara de farinha de espelta ou de trigo

½ xícara de aveia em flocos finos

1 banana pequena madura

1 colher (sopa) de sementes de chia ou de linhaça moída

1 colher (café) de canela em pó

1 colher (café) de fermento químico em pó

uma pitada de sal (+ 12 meses)

1. Coloque no copo do liquidificador o leite de coco, a água, a farinha, a aveia, a banana, as sementes de chia, a canela, o fermento e o sal (se for usar). Bata até obter uma massa homogênea e deixe repousar por 15 minutos.

2. Aqueça a máquina de waffles e coloque 1 colher de massa em cada espaço; cozinhe e retire. Sirva os waffles quentes polvilhados com canela ou deixe esfriar em cima de uma grelha. Se preferir, use a massa para fazer panquecas.

⭐ Rico em carboidratos, cálcio, proteínas, ferro e ômegas-3 e 6

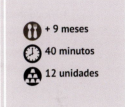

- + 9 meses
- 40 minutos
- 12 unidades

Panquecas de banana e linhaça
(sem glúten e sem açúcar)

1. Coloque no copo do liquidificador o leite de arroz, a banana, a farinha, a linhaça, as sementes de chia, a canela, o fermento, o açaí e o sal (se for usar) e o azeite. Bata até obter uma massa homogênea e deixe repousar por 15 minutos.

2. Aqueça em fogo médio uma frigideira antiaderente untada com azeite. Coloque 1 colherada de massa e alise com as costas da colher em movimentos circulares. Cozinhe por 1 minuto de cada lado ou até dourar, virando com uma espátula; repita até terminar a massa.

1 ⅓ xícara de leite de arroz

1 banana madura

1 xícara de farinha de arroz integral

2 colheres (sopa) de linhaça moída

1 colher (sopa) de sementes de chia

1 colher (chá) de canela em pó

1 colher (café) de fermento químico em pó

1 colher (chá) de açaí (opcional)

uma pitada de sal (+ 12 meses)

1 colher (sopa) de azeite, mais um pouco para cozinhar

No primeiro aniversário do bebê e em dias de festa, não há necessidade de sucumbir à tirania do açúcar. É possível fazer bolos e sobremesas deliciosas com ingredientes naturais, sem ovos e sem açúcar, adequados para todas as idades, e preparar uma mesa especial com doces vistosos, coloridos e saudáveis.

Algumas sugestões:

- Na preparação das sobremesas, recomenda-se usar leite de origem vegetal. Pode ser um leite vegetal (caseiro ou comprado) à sua escolha: de arroz, amêndoa, aveia, soja ou outro da sua preferência.
- As tâmaras secas são naturalmente doces e substituem o açúcar na preparação dos bolos. Contudo, é importante escolher tâmaras naturais, sem banho de glicose ou aditivos. Elas podem ser encontradas em lojas especializadas e em mercados de produtos orgânicos e tradicionais.
- Na confecção de bolos e muffins, o azeite pode ser substituído por óleo de coco derretido. O óleo de coco encontra-se à venda quase sempre no estado solidificado, em frascos; para que fique líquido, basta colocar o frasco dentro de um recipiente com água quente durante alguns minutos.
- Nos bolos sem glúten, é importante usar farinha de arroz integral; não utilize farinha de arroz branca, pois, além de menos nutritiva, compromete o resultado da receita.
- O uso de aveia em flocos sem glúten ou farinha de aveia sem glúten é obrigatório somente em casos de intolerância ao glúten (doença celíaca); pode-se utilizar aveia comum se não existir esse problema.
- A alga ágar-ágar é um gelificante natural; é usada para dar consistência a gelatinas e pudins, devendo ser fervida por 3 a 5 minutos com um líquido. O ágar-ágar em pó é mais denso do que em flocos: ½ colher (sopa) em pó equivale a 1 colher (sopa) em flocos.

BOLOS, SORVETES E GELATINAS

Rico em carboidratos, vitamina A, cálcio, magnésio, potássio, ferro e ômega-6

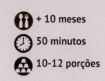
+ 10 meses
50 minutos
10-12 porções

Bolo de banana com creme de alfarroba
(sem açúcar)

1. Triture as tâmaras em um processador por alguns segundos; adicione as bananas cortadas em pedaços e volte a triturar até obter um creme homogêneo.

2. Transfira para uma tigela e misture o azeite e o leite; junte a farinha, a canela, o sal (se for usar), o fermento e o bicarbonato, mexendo entre cada adição com um fouet para incorporar os ingredientes.

3. Unte com óleo e farinha uma fôrma com formato de urso (ou outra da sua preferência). Despeje a massa e leve ao forno preaquecido a 180 °C durante 30 a 35 minutos (verifique o cozimento com um palito no centro do bolo). Desenforme depois de esfriar.

4. Para a cobertura, triture a banana com o creme e a farinha de alfarroba até obter um creme homogêneo. Leve ao fogo por 1 minuto para engrossar um pouco. Coloque o creme quente sobre o bolo em pequenas quantidades, espalhando com uma espátula.

5. Se quiser, decore o bolo com o formato de urso: use a ponta de um garfo para fazer o efeito do pelo; corte duas fatias finas de tâmara e monte os olhos; use um pedaço de ameixa seca para o nariz e um fio de creme para a boca. Guarde na geladeira até a hora de servir.

1 xícara de tâmaras secas descaroçadas (140 g)

2 bananas maduras

4 colheres (sopa) de azeite ou de óleo de coco

1 xícara de leite de arroz ou de outro leite vegetal

2 xícaras de farinha de espelta ou de trigo

1 colher (chá) de canela em pó

uma pitada de sal refinado (+ 12 meses)

1 colher (sopa) de fermento químico em pó

1 colher (café) de bicarbonato de sódio

COBERTURA

1 banana

2 colheres (sopa) de creme de arroz, de creme de coco ou de leite vegetal

1 colher (sopa) de farinha de alfarroba

1 tâmara e 1 ameixa seca para decorar (opcional)

Um bolo sem açúcar, com sabor suave de banana e canela, ideal para o primeiro aniversário.

Rico em carboidratos, vitaminas A e C, cálcio, ferro e ômega-6

+ 12 meses
50 minutos
10-12 porções

Bolo de maçã e morango
(sem glúten e sem açúcar)

1. Descasque e descaroce as maçãs; corte-as em cubinhos e envolva-as com a canela em pó; reserve.

2. Triture as tâmaras em um processador por alguns segundos; adicione a farinha de arroz integral e volte a triturar até obter uma mistura fina. Transfira para uma vasilha e junte a farinha sem glúten, o fermento, o bicarbonato e as raspas de limão.

3. À parte, em um copo alto, misture o leite e o azeite. Adicione a mistura à vasilha com as farinhas e misture com um fouet por cerca de 1 minuto, para incorporar os ingredientes. Acrescente a maçã e misture gentilmente.

4. Unte uma fôrma redonda de 22 cm com óleo e polvilhe com farinha. Despeje a massa e leve ao forno preaquecido a 180 °C durante 35 a 40 minutos (verifique o cozimento colocando um palito no centro do bolo). Desenforme depois de esfriar.

5. Para a cobertura, dissolva o amido em um pouco de leite frio, mexendo energicamente com um fouet. Junte o leite restante e a casca de limão e leve ao fogo por 5 minutos, mexendo até engrossar. Retire a casca de limão e, se quiser adoçar, misture o açúcar de coco.

6. Espalhe o creme quente sobre o bolo com uma espátula. Decore as laterais com a compota de morango e reserve um pouco para o topo. Disponha os morangos cortados em fatias nas laterais, fazendo o efeito de coroa.

Nota: Não use farinha de arroz branca refinada, apenas farinha de arroz integral. Se preferir, pode preparar o bolo com farinha de trigo (ou de espelta). Nesse caso, substitua a farinha de arroz e a farinha sem glúten por 2 xícaras de farinha de trigo (ou de espelta) e reduza a quantidade de leite para 1 xícara; irá obter um bolo com glúten.

2 maçãs pequenas (doces e maduras)

1 colher (chá) de canela em pó

1½ xícara de tâmaras secas descaroçadas (200 g)

1 xícara de farinha de arroz integral

1 xícara de farinha sem glúten para bolo

1 colher (sopa) de fermento químico em pó

1 colher (café) de bicarbonato de sódio

raspas da casca de 1 limão

1½ xícara de leite vegetal

4 colheres (sopa) de azeite ou de óleo de coco

COBERTURA

2 colheres (sopa) de amido de milho

1 xícara de leite vegetal

1 tirinha de casca de limão

1 colher (sopa) de açúcar de coco (opcional)

4 colheres (sopa) de compota de morango

morangos e hortelã, para decorar

+ 12 meses
50 minutos
10-12 porções

 Rico em carboidratos, cálcio, ferro, zinco e ômega-6

Bolo de alfarroba ou chocolate
(sem açúcar)

1 ½ xícara de tâmaras secas descaroçadas (200 g)

2 xícaras de farinha de espelta ou de trigo

3 colheres (sopa) de farinha de alfarroba ou de cacau cru

1 colher (sopa) de fermento químico em pó

1 colher (café) de bicarbonato de sódio

1 ½ xícara de leite vegetal

4 colheres (sopa) de azeite ou de óleo de coco derretido

1 colher (chá) de suco de limão

½ colher (café) de extrato de baunilha (opcional)

RECHEIO E COBERTURA

1 colher (sopa) de amido de milho

1 colher (sopa) de farinha de alfarroba

1 colher (chá) de cacau ou 1 quadrado de chocolate amargo (+ 24 meses)

1 xícara de leite vegetal

framboesas e hortelã para decorar

1. Triture as tâmaras em um processador por alguns segundos; adicione metade da farinha de espelta e volte a triturar. Transfira para uma vasilha e misture a farinha restante, a alfarroba, o fermento e o bicarbonato.

2. À parte, em um copo alto, misture o leite, o azeite, o suco de limão e o extrato de baunilha (se for usar). Passe para a vasilha com as farinhas e misture com um fouet por cerca de 1 minuto, para incorporar os ingredientes. Faça outra receita da massa se quiser preparar um bolo de duas camadas.

3. Unte a fôrma (ou as formas) com óleo e polvilhe com farinha. Despeje a massa e leve ao forno preaquecido a 180 °C durante 25 minutos (verifique com um palito no centro do bolo). Desenforme depois de esfriar.

4. Para a cobertura, dissolva o amido, a farinha de alfarroba e o cacau (se for usar) em um pouco de leite frio, mexendo energicamente com um fouet. Junte o leite restante e leve ao fogo por 5 minutos, mexendo até engrossar. Espalhe o creme quente sobre o bolo com uma espátula. Se estiver fazendo um bolo com dupla camada, dobre a quantidade do creme e use-o também como recheio. Decore o topo com framboesas e hortelã.

Nota: Opte pela alfarroba até os 24 meses; a partir dessa idade, o bolo pode ser preparado somente com cacau cru em pó ou com uma mistura de cacau e alfarroba. Se quiser que a cobertura fique mais doce, bata o creme com uma banana pequena muito madura ou, em alternativa, misture ao creme 2 colheres (sopa) de geleia de arroz ou de xarope de bordo.

Este pudim de frutas é uma opção para celebrar o primeiro aniversário, como alternativa ao bolo tradicional.

- + 10 meses
- 2 horas
- 10-12 porções

Rico em fibras, vitaminas A, C e do complexo B, cálcio e ferro

Arco-íris de frutas
(sem açúcar)

2 kg de maçãs doces e maduras

½ xícara de tâmaras secas descaroçadas

2 colheres (sopa) + 1½ xícara de água

raspas da casca de 1 limão

3 colheres (sopa) de ágar-ágar em flocos ou 3 colheres (sobremesa) de ágar-ágar em pó

100 g de morangos ou 1 caqui maduro

1 manga pequena

2 kiwis ou 2 peras

1 colher (sopa) de compota sem açúcar e frutas frescas a gosto, para decorar

1. Descasque as maçãs e corte-as em fatias finas. Junte as tâmaras e leve ao fogo brando com 2 colheres (sopa) de água em uma panela com tampa e cozinhe por cerca de 15 a 20 minutos ou até a maçã ficar macia (não deixe queimar). Misture a água restante e as raspas de limão, e triture com o mixer. Divida o creme obtido em três partes iguais, para preparar três camadas de cores diferentes.

2. Prepare a primeira camada: coloque em uma panela uma das três partes do purê de maçã e junte os morangos cortados em pedaços e 1 colher de ágar-ágar. Leve ao fogo e deixe ferver por cerca de 5 minutos; depois bata com o mixer. Umedeça uma fôrma (ou recipiente redondo com 20 cm) com água e adicione o creme quente. Deixe esfriar por cerca de 1 hora, para solidificar.

3. Prepare a segunda camada: coloque em uma panela mais uma parte do purê de maçã e junte a polpa da manga cortada em pedaços e 1 colher de ágar-ágar. Leve ao fogo e deixe ferver por cerca de 5 minutos; depois bata com o mixer. Despeje o creme quente na fôrma sobre a primeira camada já solidificada.

4. Prepare a terceira camada: coloque em uma panela a última parte do purê de maçã reservado e junte o kiwi em pedaços e 1 colher de ágar-ágar. Leve ao fogo e deixe ferver por cerca de 5 minutos; depois bata com o mixer. Despeje o creme quente na fôrma sobre as camadas solidificadas, deixe esfriar e guarde na geladeira por 4 horas.

5. Desenforme antes de servir. Decore com a compota e as frutas.

Nota: No caso de antecedentes familiares de alergias, evite dar frutas vermelhas ao bebê, e substitua o morango por caqui e o kiwi por pera.

Rico em carboidratos, cálcio, ferro, vitaminas A e do complexo B e ômega-6

+ 24 meses
40 minutos
12-24 porções

Brownie de batata-doce e chocolate
(sem glúten e sem açúcar)

1. Cozinhe as batatas-doces (com ou sem a casca), escorra (retire a casca se for o caso) e triture bem; reserve e deixe esfriar.

2. Pique grosseiramente o chocolate com uma faca larga e afiada.

3. Triture as tâmaras em um processador por alguns segundos; adicione a farinha e volte a triturar até obter uma mistura fina. Passe para uma vasilha e adicione o cacau, a canela, o fermento e o bicarbonato. Acrescente o extrato de baunilha (se for usar), o azeite e o leite, mexendo bem. Por fim, incorpore a batata-doce triturada e o chocolate picado. A massa deve ficar espessa.

4. Passe a massa para uma assadeira retangular (30 cm x 20 cm) forrada com papel vegetal e alise um pouco com uma espátula. Leve ao forno preaquecido a 180 °C durante cerca de 20 a 25 minutos. Deixe esfriar, corte 12 retângulos ou 24 quadrados e, se desejar, sirva com framboesas.

Nota: Se quiser reduzir a quantidade de chocolate, use apenas 50 g de chocolate e misture a ele 50 g de avelãs tostadas ou de nozes picadas. Se preferir, substitua o cacau por farinha de alfarroba.

2 batatas-doces (400 g)

½ tablete de chocolate amargo (100 g)

1 ½ xícara de tâmaras secas descaroçadas (200 g)

1 xícara de farinha de arroz integral

3 colheres (sopa) de cacau

canela em pó a gosto

1 colher (chá) de fermento químico em pó

1 colher (café) de bicarbonato de sódio

1 colher (café) de extrato de baunilha (opcional)

4 colheres (sopa) de azeite ou de óleo de coco

½ xícara de leite vegetal ou de água

framboesas para decorar (opcional)

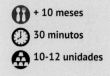
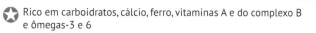

+ 10 meses
30 minutos
10-12 unidades

Rico em carboidratos, cálcio, ferro, vitaminas A e do complexo B e ômegas-3 e 6

Muffins de banana e ameixa seca
(sem glúten e sem açúcar)

1 xícara de tâmaras secas descaroçadas (140 g)

2 bananas maduras

4 colheres (sopa) de azeite ou de óleo de coco derretido

1 ¼ xícara de leite vegetal

1 xícara de farinha de arroz integral

1 xícara de farinha de aveia

1 colher (sopa) de linhaça moída

1 colher (chá) de canela em pó

2 colheres (chá) de fermento químico em pó

1 colher (café) de bicarbonato de sódio

sal a gosto (+ 12 meses)

8 ameixas secas

COBERTURA

1 colher (sopa) de amido de milho

½ xícara de leite vegetal

1 tirinha de casca de limão

1 tâmara picada

1 banana e 2 ameixas secas, para decorar

canela em pó a gosto

1. Triture as tâmaras em um processador por alguns segundos; adicione as bananas cortadas em pedaços e volte a triturar até obter um creme homogêneo.

2. Transfira para uma vasilha e misture o azeite e o leite; junte a farinha de arroz integral, a farinha de aveia, a linhaça, a canela, o fermento, o bicarbonato e o sal (se for usar), mexendo entre cada adição com um fouet, por cerca de 1 minuto, para incorporar os ingredientes. Misture as ameixas secas finamente picadas e incorpore com cuidado.

3. Unte forminhas de muffin e encha-as com a massa até $2/3$ da capacidade. Leve ao forno preaquecido a 180 °C durante cerca de 25 minutos (verifique o cozimento com um palito no centro do muffin). Deixe esfriar e desenforme.

4. Para a cobertura, dissolva o amido no leite frio, mexendo energicamente com um fouet. Junte a casca de limão e a tâmara picada e leve ao fogo por 5 minutos, mexendo até engrossar. Retire a casca de limão e use o creme, ainda quente, para decorar os muffins. Coloque no topo rodelas de banana e pedacinhos de ameixa e finalize polvilhando com canela.

Nota: A partir dos 12 meses, pode-se juntar nozes picadas. Nesse caso, quando misturar as ameixas secas à massa dos muffins, misture também ½ xícara de nozes picadas.

Rico em carboidratos, cálcio, ferro, vitaminas A e C, antioxidantes e ômegas-3 e 6

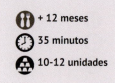
+ 12 meses
35 minutos
10-12 unidades

Muffins de framboesa e amora
(sem açúcar)

1. Triture as tâmaras em um processador por alguns segundos; adicione a aveia e volte a triturar até obter uma mistura fina.

2. Em uma vasilha, misture as tâmaras trituradas, a farinha, a linhaça, o sal, a canela, o fermento, o bicarbonato e as raspas de limão.

3. À parte, em um copo alto, misture o leite, o azeite e o suco de limão. Adicione à vasilha com as farinhas e misture com um fouet por cerca de 1 minuto para incorporar os ingredientes.

4. Lave as framboesas e as amoras e seque-as com papel absorvente; polvilhe-as com um pouco de farinha se ainda estiverem úmidas e junte-as à massa incorporando com cuidado.

5. Unte forminhas de muffin ou use formas de papel adequadas; encha-as com a massa até ²⁄₃ da capacidade. Leve ao forno preaquecido a 180 °C durante cerca de 25 minutos (verifique o cozimento com um palito no centro do muffin). Deixe esfriar em uma grade de metal.

1 ½ xícara de tâmaras secas descaroçadas (200 g)

½ xícara de aveia em flocos finos

1 ½ xícara de farinha de espelta ou de trigo integral

1 colher (sopa) de linhaça moída

uma pitada de sal refinado

1 colher (chá) de canela em pó

2 colher (chá) de fermento químico em pó

1 colher (café) de bicarbonato de sódio

raspas da casca de ½ limão

1 ¼ de xícara de leite vegetal ou de água

4 colheres (sopa) de azeite ou de óleo de coco derretido

1 colher (sobremesa) de suco de limão

⅓ de xícara de framboesas

⅓ de xícara de amoras ou de mirtilos

Rico em vitaminas, caroteno, ferro e antioxidantes

Pirulitos naturais

2 fatias de melancia

2 fatias de melão

2 fatias de abacaxi

cenouras pequenas a gosto

uvas e morangos a gosto

4 quadrados de chocolate amargo (+ 24 meses) e 2 colheres (sopa) de leite vegetal

1. Corte fatias grossas de melancia, melão e abacaxi e faça pequenos triângulos, mantendo a casca como base; faça um pequeno corte na base (casca) e espete um pauzinho de picolé ou de pirulito em cada pedaço de fruta. Guarde na geladeira até servir.

2. Lave e descasque as cenouras e perfure a base com espetinhos. Proceda da mesma forma com as uvas e os morangos, inserindo na base pauzinhos de pirulito.

3. Se for usar, derreta em banho-maria os quadrados de chocolate amargo com o leite e mergulhe as uvas e os morangos no chocolate derretido.

 Rico em vitaminas, ferro e antioxidantes

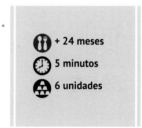

Cones de fruta com chocolate

1. Derreta o chocolate com o leite em banho-maria; mexa para obter um creme homogêneo.

2. Corte as frutas em pedacinhos ou use uma colher para modelar bolinhas de fruta. Distribua a fruta pelas casquinhas e finalize com um fio de chocolate derretido e coco ralado. Sirva em seguida, para que as casquinhas se mantenham crocantes.

4 quadrados de chocolate amargo

4 colheres (sopa) de leite vegetal

frutas frescas a gosto

6 casquinhas de sorvete

coco ralado, para polvilhar

Rico em vitaminas A, C, E e do complexo B e antioxidantes

+ 12 meses
10 minutos
6 unidades

Sorvete colorido
(sem açúcar)

1. Corte o kiwi e os morangos em fatias finas; corte a nectarina em pedacinhos. Distribua as frutas pelas fôrmas de sorvete, deixando as fatias de kiwi e de morango encostadas nas laterais.

2. Misture os sucos de maçã e de limão e coloque nas fôrmas; tampe e leve ao congelador por 6 horas. Desenforme na hora de servir, passando as fôrmas por água corrente.

Nota: Pode-se usar outras frutas e sucos, e também misturar o suco a uma parte de água de coco. Não adicione açúcar.

1 kiwi

2 morangos

1 nectarina ou ½ manga

8 cranberries

8 mirtilos

1 xícara de suco natural de maçã

suco de ½ limão

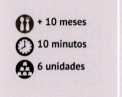
+ 10 meses
10 minutos
6 unidades

Rico em vitamina C, ferro, magnésio, potássio e gorduras saturadas

Sorvete de coco e abacaxi
(sem açúcar)

½ abacaxi pequeno e doce (300 g)

1 xícara de leite de coco

½ banana ou 4 tâmaras (descaroçadas)

1. Corte a polpa do abacaxi em pedaços.

2. Bata no liquidificador o leite de coco, o abacaxi e a banana até obter um creme homogêneo.

3. Coloque a mistura nas fôrmas de sorvete e leve ao congelador por 4 horas. Desenforme na hora de servir.

Nota: Se preferir um sorvete cremoso, congele o abacaxi e a banana, bata com o leite e sirva em seguida.

+ 12 meses
5 minutos
4 unidades

⭐ Rico em vitaminas A, C e do complexo B, cálcio e proteínas

Sorvete de manga e maracujá
(sem açúcar)

1 manga

1 banana

2 maracujás

1 pote de iogurte natural de soja ou ½ xícara de leite vegetal

1. Corte a polpa da manga e a banana em pedaços; retire a polpa dos maracujás e reserve.

2. Bata no liquidificador a manga, a banana e o iogurte até obter um creme. Adicione a polpa de maracujá e mexa com uma colher.

3. Distribua o creme nas fôrmas de sorvete e leve ao congelador por 4 horas. Desenforme na hora de servir.

Nota: Pode-se usar manga e banana congeladas, nas mesmas proporções, para preparar um sorvete cremoso. Nesse caso, sirva imediatamente.

⭐ Rico em cálcio, potássio, fósforo, magnésio e vitaminas E e do complexo B

+ 9 meses
5 minutos
2-3 porções

Sorvete de alfarroba
(sem açúcar)

1. Coloque as bananas congeladas (cortadas em rodelas) no copo do liquidificador, aguarde 5 minutos e bata até começar a ficar cremoso. Junte o iogurte e a farinha de alfarroba e bata de novo para obter um creme espesso. Incorpore os confeitos de chocolate (se for usar) ao creme e sirva em seguida. Se preferir, leve ao congelador por 30 minutos para o sorvete ficar mais firme.

3 bananas maduras congeladas

1 pote de iogurte natural de soja ou 4 colheres (sopa) de leite vegetal

1 colher (sopa) de farinha de alfarroba

confeitos de chocolate amargo, para servir (+ 24 meses)

+ 12 meses
10 minutos
2 porções

 Rico em vitaminas A, C e E, cálcio e antioxidantes

Sorvete de frutas vermelhas
(sem açúcar)

2 bananas maduras congeladas

½ xícara de frutas vermelhas congeladas, mais um pouco para servir

1 colher (chá) de açaí em pó ou congelado (opcional)

1 colher (sopa) de iogurte natural ou de leite de coco

2 tâmaras descaroçadas (opcional)

1. Coloque as bananas congeladas (cortadas em rodelas) no copo do liquidificador, aguarde 5 minutos e bata até começar a ficar cremoso. Junte as frutas vermelhas, o açaí (se for usar), o iogurte e, se quiser adoçar, as tâmaras. Bata de novo até obter um creme espesso e aveludado.

2. Sirva de imediato com algumas frutas vermelhas inteiras. Se preferir, leve ao congelador por 30 minutos para o sorvete ficar mais firme.

As bananas maduras são ideais para preparar estes deliciosos e saudáveis sorvetes de fruta.

★ Rico em carboidratos, ferro, zinco e fósforo

+ 24 meses
10 minutos
4-6 porções

Pipoca

1. Use uma panela grande, de preferência com fundo pesado e tampa transparente. Coloque na panela o óleo de coco e apenas 3 grãos de milho no fundo e tampe; leve ao fogo e aguarde que os 3 grãos estourem. Retire do fogo, adicione o milho restante, tampe e agite bem a panela (isso evita que as pipocas queimem, pois assim recebem o calor ao mesmo tempo).

2. Leve de novo ao fogo médio até as pipocas estourarem. Retire, transfira para um recipiente e misture rapidamente o açúcar e a canela (se for usar) (para a versão doce) ou o sal e os condimentos (para a versão salgada) enquanto estão quentes.

2 colheres (sopa) de óleo de coco

6 colheres (sopa) de milho para pipoca

DOCE

1 colher (sopa) de açúcar de coco

canela em pó a gosto (opcional)

SALGADA

uma pitada de sal

uma pitada de alho em pó, manjericão e orégano

+ 10 meses
15 minutos
12-20 unidades

Rico em vitaminas A e C, cálcio, ferro, magnésio e manganês

Balas de goma
(sem açúcar)

5 tâmaras secas descaroçadas (50 g) (+ 12 meses)

½ xícara de suco natural de tangerina, de groselha ou de morango

1 colher (chá) de ágar-ágar em pó

1. Triture as tâmaras no processador por alguns segundos. Junte o suco e bata de novo até obter um creme homogêneo.

2. Coloque a mistura de suco e tâmaras em uma panela, junte o ágar-ágar e leve ao fogo por cerca de 3 a 5 minutos, mexendo regularmente.

3. Passe imediatamente para o molde de silicone, preenchendo cada espaço com a ajuda de uma espátula. Deixe esfriar e leve à geladeira. Desenforme antes de servir.

Nota: Use o suco de morango só a partir dos 12 meses.

Rico em vitamina C, cálcio e ferro

+ 10 meses
8 minutos
4-8 porções

Gelatina de laranja
(sem açúcar)

1. Extraia o suco das laranjas em um espremedor. Em uma panela, coloque o suco, a água e o ágar-ágar, e leve ao fogo para ferver por 3 a 5 minutos. Se precisar adoçar, junte o açúcar de coco e mexa bem.

2. Passe imediatamente para taças ou forminhas individuais, deixe esfriar e guarde na geladeira. Consuma em até 4 dias.

Nota: A gelatina pode ser adoçada com tâmaras; nesse caso, triture 6 tâmaras com ½ xícara de água no processador e misture antes de levar ao fogo.

600 ml de suco natural de laranja doce

150 ml de água

½ colher (sopa) de ágar-ágar em pó ou 1 colher (sopa) de ágar-ágar em flocos

1 colher (sopa) de açúcar de coco (opcional, + 12 meses)

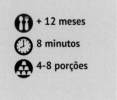
+ 12 meses
8 minutos
4-8 porções

Rico em vitamina C, cálcio, ferro e antioxidantes

Gelatina de morango
(sem açúcar)

750 ml de suco de frutas vermelhas

½ colher (sopa) de ágar-ágar em pó ou 1 colher (sopa) de ágar-ágar em flocos

1 colher (sopa) de açúcar de coco (opcional)

4 morangos

1. Em uma panela, coloque o suco e o ágar-ágar e deixe ferver por 3 a 5 minutos. Se precisar adoçar, junte o açúcar de coco e mexa bem.

2. Pique os morangos e distribua-os nas taças. Encha de imediato com a gelatina, deixe esfriar e guarde na geladeira. Consuma em até 4 dias.

+ 10 meses
8 minutos
4 porções

Rico em vitamina C, antioxidantes, cálcio e ferro

Gelatina de melancia
(sem açúcar)

1 kg de melancia doce

100 ml de água

½ colher (sopa) de ágar-ágar em pó

1 tira de casca de limão

½ colher (sopa) de suco de limão

1 colher (sopa) de açúcar de coco (opcional, + 12 meses)

1. Corte a polpa da melancia, retire a maioria das sementes e bata no liquidificador por alguns segundos; coe (se houver vestígios das sementes) e separe cerca de 500 ml de suco.

2. Em uma panela, coloque o suco da melancia, a água, o ágar-ágar e a casca e o suco de limão; deixe ferver por 3 a 5 minutos. Retire a casca de limão e, se quiser adoçar, misture o açúcar de coco. Passe imediatamente para tacinhas individuais, deixe esfriar e guarde na geladeira. Consuma em até 4 dias.

Rico em proteínas, cálcio, magnésio, ferro e ômegas-3 e 6

+ 9 meses
5 minutos
4 porções

Musse de alfarroba e chocolate
(sem açúcar)

1. Coloque todos os ingredientes no copo do liquidificador e bata até obter uma consistência cremosa. Passe para taças individuais e guarde na geladeira por 2 a 4 horas, para ficar mais firme.

Nota: Se preferir uma sobremesa mais doce, junte 4 tâmaras. Só use o chocolate se a criança tiver mais de 24 meses; a partir dessa idade pode-se substituir a farinha de alfarroba por cacau em pó.

1 xícara de leite vegetal

1 banana muito madura

½ abacate maduro

1 colher (sopa) de farinha de alfarroba

3 colheres (sopa) de sementes de chia

1 colher (café) de canela em pó

1 quadradinho de chocolate amargo (opcional, + 24 meses)

+ 10 meses
5 minutos
2 porções

Rico em vitaminas A e C, ferro, magnésio, manganês e ômegas-3 e 6

Musse de caqui e chia
(sem açúcar)

1 caqui maduro de polpa mole

1 colher (sopa) de sementes de chia

1 colher (café) de raspas de limão

uma pitada de canela em pó

1. Triture a polpa caqui até obter um creme aveludado. Misture as sementes de chia, as raspas de limão e a canela e mexa com uma colher. Passe para taças individuais e guarde na geladeira por 4 horas, para ficar mais firme.

 Rico em vitaminas A e C, ferro, magnésio, manganês e ômegas-3 e 6

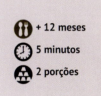

+ 12 meses
5 minutos
2 porções

Musse de manga e maracujá
(sem açúcar)

1. Triture a manga, o iogurte e, se quiser adoçar, as tâmaras, até obter um creme aveludado. Junte a polpa dos maracujás e as sementes de chia e mexa com uma colher. Coloque em taças individuais e guarde na geladeira por 2 a 4 horas, para ficar mais firme.

1 manga doce e não fibrosa

2 colheres (sopa) de iogurte natural de soja ou de creme de coco

2 tâmaras secas descaroçadas (opcional)

2 maracujás

1 colher (sopa) de sementes de chia

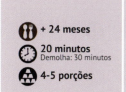

+ 24 meses
20 minutos
Demolha: 30 minutos
4-5 porções

Rico em carboidratos, proteínas, cálcio, ferro e antioxidantes

Sagu cremoso com chocolate
(sem glúten e sem açúcar)

2 xícaras de leite vegetal

¼ de xícara de tapioca granulada

1 colher (sopa) de cacau

1 pau de canela

1 tirinha de casca de limão

1 quadrado de chocolate amargo (25 g)

1 colher (sopa) de açúcar de coco (opcional)

1. Aqueça 1 xícara de leite em uma panela e deixe a tapioca demolhando no leite quente por, pelo menos, 30 minutos.

2. Em seguida, junte o leite restante, o cacau, o pau de canela e a casca de limão e cozinhe em fogo brando por 15 a 20 minutos, mexendo regularmente até engrossar e a tapioca ficar macia e translúcida. Retire a casca de limão e o pau de canela e misture o chocolate cortado em pedaços, mexendo bem. Se precisar adoçar, junte o açúcar de coco e mexa bem.

3. Distribua em taças individuais e sirva frio, decorado com banana e raspas de chocolate.

 Rico em carboidratos, proteínas e cálcio

+ 9 meses
25 minutos
4-6 porções

Arroz-doce integral
(sem glúten e sem açúcar)

1. Em uma panela, misture o leite, o arroz (previamente cozido sem sal), o pau de canela, uma pitada de cúrcuma e a casca de limão. Cozinhe em fogo brando por cerca de 15 minutos.

2. Dissolva o amido em 3 colheres (sopa) de água e junte na panela. Mexa bem e cozinhe por mais 5 minutos ou até ficar macio e cremoso (acrescente mais leite, se necessário). Retire a casca de limão e o pau de canela. Se precisar adoçar, junte o açúcar de coco e mexa bem.

3. Distribua em taças individuais e decore com raspas de limão e canela em pó. Sirva frio.

2 xícaras de leite de arroz

2 xícaras de arroz integral cozido (p. 143)

1 pau de canela

cúrcuma e canela em pó a gosto

1 tira de casca de limão ou vagem de baunilha

2 colheres (sopa) de amido de milho

2 a 4 colheres (sopa) de açúcar de coco (opcional, + 12 meses)

raspas da casca de ½ limão

★ Rico em caroteno, proteínas, ferro, fósforo, magnésio e potássio

+ 10 meses
20 minutos
20 unidades

Beijinhos de coco e cenoura
(sem glúten e sem açúcar)

1. Cozinhe as cenouras, escorra-as bem e triture-as no processador. Junte as tâmaras e volte a triturar até obter um creme grosseiro. Transfira para uma vasilha e misture ½ xícara de coco ralado e as raspas de limão. Ajuste a textura e o sabor adicionando mais um pouco de coco e de raspas de limão, se necessário.

2. Pegue colheradas de massa e molde bolinhas com as mãos; envolva no restante coco ralado e leve ao refrigerador por 4 horas ou até servir.

3 cenouras (200 g)

½ xícara de tâmaras descaroçadas (+ 12 meses)

1 xícara de coco ralado (orgânico)

raspas da casca de 1 limão pequeno

+ 24 meses
25 minutos
20 porções

★ Rico em carboidratos, cálcio, ferro, proteínas e antioxidantes

Palha italiana
(sem açúcar)

4 quadrados de chocolate amargo (80 g)

3 colheres (sopa) de manteiga vegetal ou de óleo de coco

200 g de biscoitos sem açúcar (p. 174)

½ xícara de amêndoas ou de avelãs

½ banana madura ou 1 colher (sopa) de linhaça moída

1. Derreta em banho-maria o chocolate com a manteiga.

2. Pique os biscoitos ou triture-os grosseiramente.

3. Toste as amêndoas em uma frigideira (sem gordura) por 4 minutos ou até dourarem; retire-as e pique-as com uma faca afiada.

4. Em uma vasilha, misture o biscoito, a amêndoa e o chocolate derretido; junte a banana esmagada para adoçar e dar mais umidade. Se preferir, use linhaça em vez de banana (nesse caso, bata a linhaça moída com 2 colheres (sopa) de água quente e adicione à mistura). Deixe descansar por alguns minutos e molde as bolinhas com as mãos, pressionando para que fiquem firmes. Insira pauzinhos de pirulito e guarde na geladeira até servir.

ÍNDICE DE RECEITAS POR IDADE

Mais de 4-6 meses
Mingau de arroz 86
Mingau de arroz com maçã 86
Mingau de milhete com maçã e camomila 91
Purê de abóbora 52
Purê de batata-doce e chuchu 53
Purê de cenoura 52
Purê de maçã 76
Purê de pera 76

Mais de 5-6 meses
Creme de aveia, abobrinha e coentro 56
Creme de milhete, abóbora e vagem 57
Creme de quinoa, cenoura e brócolis 56
Mingau de quinoa com maçã e abacate 95
Mingau de três cereais com pera 91
Purê de abobrinha e alho-poró 55
Purê de brócolis 54
Purê de maçã e banana 77
Purê de vagem 54

Mais de 6 meses
Açorda de farinha de mandioca e tofu 69
Creme de abacate, banana e tofu 80
Creme de abacate, maçã e hortelã 80
Creme de tofu, arroz e agrião 58
Leite de arroz com maçã 100
Leite de aveia 98
Leite de quinoa 98
Mingau de cevada 92
Mingau de milho com banana 88
Purê de maçã, cenoura e manga 79
Purê de pera, papaia e ameixa seca 78

Mais de 7 meses
Biscoitos de canela e tâmara 174
Creme de ervilha e abobrinha 59
Creme de feijão-azuqui e amaranto 61
Creme de feijão-fradinho e cenoura 60
Creme de lentilha e abóbora 58
Mingau de arroz com damasco e cereja 87
Mingau de quinoa com cenoura e ameixa 95
Mingau de sêmola com pera e figo 88
Purê de pera e mirtilo 78
Sopa verde 62

Mais de 8 meses
Açorda de aveia e legumes 68
Biscoitos de espelta e orégano 177
Creme de grão-de-bico e batata-doce 60
Mingau de aveia com alfarroba 96
Mingau de trigo-sarraceno com mirtilo 92
Pasta de ervilha 66

Pasta de tempeh 66
Pasta de tofu 67
Sopa amarela 63
Tábua de legumes 72

Mais de 9 meses
Arroz-doce integral 209
Biscoitos de aveia e banana 174
Compota de abóbora e laranja 162
Compota de ameixa e chia 162
Creme de abacate e manga 81
Crumble de pera e figo 85
Iogurte natural de soja 103
Macarrão de feijão-vermelho 118
Milhete com abóbora e coentro 145
Mingau de aveia com framboesa e açaí 97
Mingau de aveia crua 96
Musse de alfarroba e chocolate 206
Pãezinhos de batata-doce 166
Pãezinhos de espelta e centeio 169
Palitos de batata-doce e cenoura ao forno 154
Panquecas de banana e linhaça 179
Pasta de feijão 64
Pasta de grão-de-bico 64
Pasta de lentilha 64
Polenta com brócolis e tomate cereja 148
Salada de abacate, tomate e brócolis 156
Salada russa com maionese de abacate 152
Sorvete de alfarroba 200
Tofu salteado 110

Mais de 10 meses
Amaranto com beterraba e leite de coco 147
Arco-íris de frutas 189
Arroz de alho-poró e cúrcuma 142
Arroz de tomate e feijão 142
Arroz integral colorido 143
Balas de goma 203
Beijinhos de coco e cenoura 210
Bifinhos de tofu com cúrcuma e molho de castanha-de-caju 111
Bolinhas de grão-de-bico e ervilha 129
Bolinhas de lentilha 128
Bolinhos de cenoura 172
Bolinhos de coco e cenoura 172
Bolo de banana com creme de alfarroba 182
Bulgur cor-de-rosa 144
Cookies de amêndoa e alfarroba 177
Creme de amêndoa e linhaça 82
Creme de frutas vermelhas 83
Creme de maçã e castanha 82
Croquetes de amêndoa e brócolis 132
Croquetes de grão-de-bico 132
Ensopado de ervilha com seitan 115
Ensopado de favas com tofu 112
Gelatina de laranja 204
Gelatina de melancia 205
Iogurte natural de amêndoa 104
Jardineira de tofu com batata-doce 113

Leite de amêndoa enriquecido 100
Leite de coco natural 101
Lentilha com batata-doce e leite de coco 126
Maçã e pera assadas com ameixa 84
Macarrão com creme de castanha 150
Mexido de tofu com abóbora e alho-poró 110
Musse de caqui e chia 207
Muffins de banana e ameixa seca 193
Nuggets de tofu 137
Pasta de amêndoa 164
Pasta de castanha-de-caju 164
Quinoa 144
Rigatoni com cogumelos 119
Salada de maçã e beterraba 156
Salada verde com manga 157
Saladinha de feijão-fradinho, manga e tempeh 116
Seitan salteado com manjericão 115
Sopa de letrinhas e cogumelos 70
Sopa de missô 70
Sopa vermelha 62
Sorvete de coco e abacaxi 198
Tempeh com creme e espinafre 116
Trigo-sarraceno com ervilha-torta 146
Waffles de coco 179

Mais de 12 meses
Almôndegas de legumes 131
Bolinhos de frutas secas 170
Bolo de alfarroba ou chocolate 187
Bolo de maçã e morango 184
Compota de morango, amora e chia 163
Cuscuz marroquino com vagem e romã 149
Empadão de lentilha e espinafre 126
Farofa de mandioca com nozes 153
Gelatina de morango 204
Gratinado de brócolis, couve-flor e aspargo com castanha-de-caju 155
Gratinado de tofu 125
Hambúrgueres de aveia e berinjela 139
Ketchup caseiro 154
Musse de manga e maracujá 207
Muffins de framboesa e amora 194
Noodles com aroma do mar 151
Pirulitos naturais 197
Quibe de grão-de-bico e batata-doce 135
Sorvete colorido 198
Sorvete de frutas vermelhas 200
Sorvete de manga e maracujá 199

Mais de 24 meses
Brownie de batata-doce e chocolate 190
Canelone de legumes com amêndoa e pignoli 120
Cones de fruta com chocolate 197
Lasanha de tofu e espinafre 123
Palha italiana 211
Pasta de avelã e cacau 165
Pipoca 202
Sagu cremoso com chocolate 209

ÍNDICE ALFABÉTICO

Açorda de aveia e legumes 68
Açorda de farinha de mandioca e tofu 69
Almôndegas de legumes 131
Amaranto com beterraba e leite de coco 147
Arco-íris de frutas 189
Arroz de alho-poró e cúrcuma 142
Arroz de tomate e feijão 142
Arroz-doce integral 209
Arroz integral colorido 143
Balas de goma 203
Beijinhos de coco e cenoura 210
Bifinhos de tofu com cúrcuma e molho de castanha-de-caju 111
Biscoitos de aveia e banana 174
Biscoitos de canela e tâmara 174
Biscoitos de espelta e orégano 177
Bolinhas de grão-de-bico e ervilha 129
Bolinhas de lentilha 128
Bolinhos de cenoura 172
Bolinhos de coco e cenoura 172
Bolinhos de frutas secas 170
Bolo de alfarroba ou chocolate 187
Bolo de banana com creme de alfarroba 182
Bolo de maçã e morango 184
Brownie de batata-doce e chocolate 190
Bulgur cor-de-rosa 144
Canelone de legumes com amêndoa e pignoli 120
Compota de abóbora e laranja 162
Compota de ameixa e chia 162
Compota de morango, amora e chia 163
Cones de fruta com chocolate 197
Cookies de amêndoa e alfarroba 177
Creme de abacate, banana e tofu 80
Creme de abacate, maçã e hortelã 80
Creme de abacate e manga 81
Creme de amêndoa e linhaça 82
Creme de aveia, abobrinha e coentro 56
Creme de ervilha e abobrinha 59
Creme de feijão-azuqui e amaranto 61
Creme de feijão-fradinho e cenoura 60
Creme de frutas vermelhas 83
Creme de grão-de-bico e batata-doce 60
Creme de lentilha e abóbora 58
Creme de maçã e castanha 82
Creme de milhete, abóbora e vagem 57
Creme de quinoa, cenoura e brócolis 56
Creme de tofu, arroz e agrião 58
Croquetes de amêndoa e brócolis 132
Croquetes de grão-de-bico 132

Crumble de pera e figo 85
Cuscuz marroquino com vagem e romã 149
Empadão de lentilha e espinafre 126
Ensopado de ervilha com seitan 115
Ensopado de favas com tofu 112
Farofa de mandioca com nozes 153
Gelatina de laranja 204
Gelatina de melancia 205
Gelatina de morango 204
Gratinado de brócolis, couve-flor e aspargo com castanha--de-caju 155
Gratinado de tofu 125
Hambúrgueres de aveia e berinjela 139
Iogurte natural de amêndoa 104
Iogurte natural de soja 103
Jardineira de tofu com batata-doce 113
Ketchup caseiro 154
Lasanha de tofu e espinafre 123
Leite de amêndoa enriquecido 100
Leite de arroz com maçã 100
Leite de aveia 98
Leite de coco natural 101
Leite de quinoa 98
Lentilha com batata-doce e leite de coco 126
Maçã e pera assadas com ameixa 84
Macarrão com creme de castanha 150
Macarrão de feijão-vermelho 118
Mexido de tofu com abóbora e alho-poró 110
Milhete com abóbora e coentro 145
Mingau de arroz 86
Mingau de arroz com damasco e cereja 87
Mingau de arroz com maçã 86
Mingau de aveia com alfarroba 96
Mingau de aveia com framboesa e açaí 97
Mingau de aveia crua 96
Mingau de cevada 92
Mingau de milhete com maçã e camomila 91
Mingau de milho com banana 88
Mingau de quinoa com cenoura e ameixa 95
Mingau de quinoa com maçã e abacate 95
Mingau de sêmola com pera e figo 88
Mingau de três cereais com pera 91
Mingau de trigo-sarraceno com mirtilo 92
Muffins de banana e ameixa seca 193
Muffins de framboesa e amora 194
Musse de alfarroba e chocolate 206
Musse de caqui e chia 207
Musse de manga e maracujá 207
Noodles com aroma do mar 151
Nuggets de tofu 137
Pãezinhos de batata-doce 166
Pãezinhos de espelta e centeio 169

Palha italiana 211
Palitos de batata-doce e cenoura ao forno 154
Panquecas de banana e linhaça 179
Pasta de amêndoa 164
Pasta de avelã e cacau 165
Pasta de castanha-de-caju 164
Pasta de ervilha 66
Pasta de feijão 64
Pasta de grão-de-bico 64
Pasta de lentilha 64
Pasta de tempeh 66
Pasta de tofu 67
Pipoca 202
Pirulitos naturais 197
Polenta com brócolis e tomate cereja 148
Purê de abóbora 52
Purê de abobrinha e alho-poró 55
Purê de batata-doce e chuchu 53
Purê de brócolis 54
Purê de cenoura 52
Purê de maçã 76
Purê de maçã e banana 77
Purê de maçã, cenoura e manga 79
Purê de pera 76
Purê de pera e mirtilo 78
Purê de pera, papaia e ameixa seca 78
Purê de vagem 54
Quibe de grão-de-bico e batata-doce 135
Quinoa 144
Rigatoni com cogumelos 119
Sagu cremoso com chocolate 209
Salada de abacate, tomate e brócolis 156
Salada de maçã e beterraba 156
Salada russa com maionese de abacate 152
Salada verde com manga 157
Saladinha de feijão-fradinho, manga e tempeh 116
Seitan salteado com manjericão 115
Sopa amarela 63
Sopa de letrinhas e cogumelos 70
Sopa de missô 70
Sopa verde 62
Sopa vermelha 62
Sorvete colorido 198
Sorvete de alfarroba 200
Sorvete de coco e abacaxi 198
Sorvete de frutas vermelhas 200
Sorvete de manga e maracujá 199
Tábua de legumes 72
Tempeh com creme e espinafre 116
Tofu salteado 110
Trigo-sarraceno com ervilha-torta 146
Waffles de coco 179

Compartilhe a sua opinião
sobre este livro usando a hashtag
#CozinhaVeganaParaBebêsECrianças
nas nossas redes sociais:

 /EditoraAlaude
 /EditoraAlaude
 /AlaudeEditora